PAIS!!! ONDE FOI QUE ACERTEI?

Uma conversa entre psicólogos, psiquiatras e pais
vol. 2

Organizadoras:
LIGIA BONINI e DENISE MAIA

contato@sattvaeditora.com.br
www.sattvaeditora.com.br

Editora: **Vivian Lerner**

Projeto gráfico e
diagramação: **Luiz Zonzini**

Capa: **Bruno Okada**

Revisão: **Olenka Franco**
Ademir Barbosa Jr.

Pais!!! Onde foi que acertei? Uma conversa entre psicólogos, psiquiatras e pais vol. 2

Dados Internacionais de Catalogação na Publicação (CIP)
(Câmara Brasileira do Livro, SP, Brasil)

Pais!!! onde foi que acertei? : uma conversa entre psicólogos, psiquiatras e pais : volume 2 / organização Ligia Bonini , Denise Maia. -- 1. ed. -- São Paulo : Sattva Editora, 2021.

ISBN 978-65-86420-03-6

1. Educação 2. Pais e filhos - Aspectos psicológicos 3. Psicologia 4. Relacionamento familiar I. Bonini, Ligia. II. Maia, Denise.

21-60995 CDD-150

Índices para catálogo sistemático:

1. Psicologia 150

Aline Graziele Benitez - Bibliotecária - CRB-1/3129

PAIS!!!
ONDE FOI QUE ACERTEI?

Uma conversa entre psicólogos, psiquiatras e pais
vol. 2

Organizadoras:
LIGIA BONINI e DENISE MAIA

SATTVA EDITORA

2021

SUMÁRIO

PAIS!!! ONDE FOI QUE ACERTEI? VOL. 2

PREFÁCIO

Honrada e com muito gosto, aceitei o convite para escrever o prefácio do livro *Pais!! Onde foi que acertei? Vol. 2*, organizado por Lígia Bonini e Denise Maia, colegas de muitos anos, que também escreveram capítulos do livro. Todos os autores têm ligações com as instituições junguianas irmãs de nosso país.

Essa obra será de utilidade para todos que buscam caminhos mais seguros de como proceder diante de várias situações que cercam a tarefa árdua e prazerosa de criar e educar crianças e adolescentes.

Usando uma imagem, costumo dizer que criar filhos é como descer a corredeira de um rio em um bote: uma aventura cheia de emoções, com grandes obstáculos e com possibilidades de acidentes pela frente. Existem famílias que conseguem controlar bem o bote e contornar as pedras que surgem pelo caminho com habilidade e sabedoria e vivem uma aventura prazerosa e enriquecedora. Outras, no entanto, não encontram pontos de equilíbrio, chocam-se contra as pedras e correm o risco de naufragarem, chegando pais e filhos ao fim do percurso sem o bote, sem remos, decepcionados e magoados. Cumpre refletir a respeito dos fatores que podem determinar se essa aventura será fascinante ou uma adversidade para seus tripulantes.

Educar filhos nas últimas décadas vem sendo algo cada vez mais complexo. O mundo está em uma constante e rápida mudança e a nova ordem mundial, por sua vez, provoca alterações no desenvolvimento físico e psicológico do ser humano.

Adversidades de tipos diferentes fazem parte da vida e superá-las traz aprendizados e, consequentemente, resiliência. A pandemia que agora assola o mundo traz a apreensão, o medo e o confronto com a morte. Inexoravelmente o ser humano é impelido a confrontar sua fragilidade e sua finitude. Pode-se perguntar como o confinamento social, as limitações impostas atualmente, enfim esse novo modo de viver a vida em família, interferirão nas práticas de cuidar dos filhos.

Apesar de dirigido de forma muito particular aos pais, o conteúdo dos vários capítulos poderá ser de interesse também para os profissionais de saúde e educação que lidam com crianças e adolescentes. O objetivo implícito em todo o livro e que perpassa pelos capítulos é a intenção de ajudar o processo de criação de crianças e adolescentes para que eles sigam um processo de desenvolvimento saudável. Os capítulos poderiam ser compreendidos como aulas de uma escola para pais.

Criar e educar filhos foi sempre uma tarefa difícil, mas parece ainda mais desafiadora nos tempos contemporâneos. Nunca o ser humano dispôs de tanta informação, mas possivelmente em função dessa quantidade de informação nunca foi tão árdua a escolha do caminho adequado a seguir na educação dos filhos.

A leitura que pude fazer dos onze capítulos levou-me à percepção dos temas atuais e originais que compõem o livro. Cada autor pode ser visto como uma autoridade no assunto que se propôs a desenvolver, o que dá um valor importante a essa obra. Porém, o que ressalta no conjunto é o interesse e o amor dos autores por crianças, adolescentes e jovens.

A ordem dos capítulos busca percorrer a jornada dos pais desde o início da vida do filho até a juventude e, assim, fica muito coerente que o primeiro deles, de Francisco B. Assumpção Jr., comece com uma pergunta "Por que temos filhos"? O psiquiatra, especialista na infância e na adolescência, escreve sobre um tema ainda pouco discutido e extremamente relevante, mostrando que a opção por ter filhos traz grandes repercussões à vida dos que casam e desejam ter filhos. Ressalta que ter um filho precisa ser uma decisão consciente que traz como consequência a necessidade de abdicar de muitos outros papéis sociais. Formula, então, duas perguntas fundamentais aos que escolhem ter filhos: "Por que eu decidi ter um filho, o que eu quero disso?" e, antes ainda: "Por que eu casei ou quero casar, o que eu espero disso?" O autor considera o casar e o ter filhos como parte de um projeto existencial muito mais amplo do que simplesmente seguir o caminho estabelecido pela sociedade e pela cultura.

O capítulo que se segue, "Massagem para bebês e a moderna teoria do apego", da psicóloga Ligia Bonini, salienta a importância do toque amoroso como facilitador do vínculo afetivo mãe-bebê, vínculo que é a base para o desenvolvimento de um apego seguro. A noção de apego seguro é explicada com clareza, sendo mostrada a importância desse tipo de apego para a regulação das emoções ao longo da vida. A autora explica a técnica da "Shantala", nome dado por Frederik Leboyer à massagem para bebês, técnica milenar da Índia. Especialista no ensino dessa prática aos pais de recém-nascidos, avisa a ensaísta que a "Shantala" é uma técnica para ser aplicada exclusivamente pelos pais ou substitutos, durante pelo menos os quatro primeiros meses do bebê, mas nada impede que a massagem se prolongue por mais tempo.

O terceiro capítulo do livro, "Ansiedade parental: a necessidade de um cuidadoso olhar", da psicóloga Denise Maia é dedicado à gestante, ao futuro pai, considerando a importância da vida intrauterina e também voltado aos primeiros tempos do bebê na interação com seus pais. A autora salienta duas funções dos pais: uma é estarem atentos às necessidades dos filhos e a outra é estarem conscientes de suas atitudes e das referências que dão aos filhos, as quais irão influenciar as escolhas deles ao longo da vida.

Renata Whitaker escreve no quarto capítulo sobre "As cicatrizes ocultas geradas pelos abusos psicológicos na infância e na adolescência". Nesse capítulo a autora relembra a importância que Jung deu à influência da vida emocional dos pais em relação à psique de seus filhos, com consequências até a vida adulta deles. Mostra que cicatrizes ocultas transparecem na expressão psíquica e nos sintomas que o indivíduo apresenta nas relações que estabelece na vida, perpetuando a dor ao longo da existência. Assim, os eventos traumáticos da infância precisam ser ressignificados. Renata salienta a importância do autoconhecimento que os pais precisam buscar, como passo fundamental para compreender e para estruturar melhores relações com seus filhos.

O quinto capítulo, “O medo no desenvolvimento infantil” foi o tema escolhido por Maria Teresa Caldeira Nasi. Ela define o medo como uma emoção atávica, fundamental para a autopreservação e necessária à preservação do ser humano e mostra que as crianças têm inúmeros medos, reforçados pela violência urbana da sociedade contemporânea, pelas catástrofes naturais e pelas ameaças de morte. A autora explica que a capacidade para a regulação das emoções, inclusive do medo, é estruturada a partir das relações primárias entre o bebê e os seus cuidadores, as quais fortalecerão a possibilidade para integrar as experiências vividas e para lidar com eficiência com os estímulos estressores. A psicóloga relata um caso clínico, no qual as técnicas de abordagem corporal foram utilizadas na psicoterapia lúdica de um menino de 10 anos com queixa de medos exacerbados. Descreve como a estimulação tátil, favorecida pela Calatonia e por toques sutis (técnicas criadas por Pethö Sándor), desviou a atenção do paciente de um estado emocional inseguro e medroso para uma sensação de alívio e confiança, ao vivenciar o corpo como um lugar seguro, o que favoreceu o desenvolvimento do ego, em uma base corporal mais relaxada, com um corpo livre das ataduras dos medos.

Ana Maria Galrão Rios escreve “Conversando sobre religião: o desenvolvimento da espiritualidade nas crianças e o papel dos modelos parentais”. Neste sexto capítulo, a ensaísta relaciona o desenvolvimento da religiosidade e da imagem de Deus nas crianças com aspectos fundamentais da vida humana vinculados ao desconhecido e ao misterioso, à imprevisibilidade da vida, à morte, aos sentimentos de pertencimento e segurança e à busca de sentido para a existência. Tema pouco frequente em livros para pais, provavelmente em decorrência da dificuldade de versar sobre religiosidade nos tempos atuais. A autora tem como objetivo oferecer aos pais informações a respeito de como a imagem de Deus e seu relacionamento com ele se desenvolvem na criança, para que eles possam atuar de modo mais eficiente na criação de um indivíduo confiante e capaz de enfrentar os diversos desafios que a vida propõe.

Isabel Skaff Ayub Ferreira escreve no sétimo capítulo sobre "Adoção- um encontro amoroso e desafiador". A autora descreve os conflitos da mãe que doa seu filho, da mãe que adota e das crianças adotadas e faz um questionamento importante a respeito dos motivos da procura por uma criança para adotar. Sabedora da importância da vida intrauterina para a constituição da psique, a ensaísta escreve que a criança adotada traz uma história cujo prefácio já está escrito e que é preciso perceber os sentimentos e as necessidades dela para continuar a ajudar a escrever sua biografia da melhor forma possível.

O oitavo capítulo é de Ana Maria Russo, psicóloga que escreve sobre "A integração fisiopsíquica na psicoterapia infantil de orientação junguiana. A calatonia e os toques sutis." A autora descreve a psicoterapia lúdica de uma menina de 6 anos, que apresentava sintomas de comportamento opositor e distúrbios de sono, e era considerada como aluna distraída. Relata que no atendimento a essa criança foi possível a utilização da técnica da Calatonia e dos toques sutis, a qual é exemplificada no texto. A abordagem corporal é mostrada como uma ferramenta importante na criação de um ambiente seguro e coerente, que favorece a recuperação das primeiras relações de apego, criando um espaço para o pensamento simbólico, centro da expressão criativa.

O nono capítulo, "Intersubjetividade e tempo. Reflexões sobre psicoterapia em jovens com algumas limitações" cabe a Paulo Corazza, psicólogo que há muito atende pacientes diagnosticados com transtornos do neurodesenvolvimento, isto é com pessoas que já precocemente enfrentam limites dados pela vida. Mostra que para essas pessoas o acesso ao mundo do imaginário, do símbolo é precário ou inexistente e que o acesso ao inconsciente via afeto, parece interrompido. Mas, acredita que na psicoterapia pode ser criada uma vivência intersubjetiva que garante uma força relacional presente, construída ao longo do tempo. O autor reflete a respeito da necessidade de pais e de psicoterapeutas encararem os limites dessas pessoas que terão dificuldades talvez intransponíveis para adquirir a autonomia.

"Adolescentes e tecnologias: relações interconectadas" é o tema abordado no décimo capítulo por Ana Carolina Falcone Garcia. A psicóloga discorre a respeito dos nativos digitais, que compõem o que é entendido como geração Z, por terem nascido e crescido com as tecnologias digitais. A autora mostra que o *cyberspace* ocupa um lugar de destaque na vida dessa geração de jovens e parece servir de ritual de passagem, mas indaga se essa tecnologia e seus novos caminhos abrirão apenas possibilidades positivas de inovação. Adverte os riscos do acesso a universos ou pessoas desconhecidos, que pode ocasionar susceptibilidades emocionais, bem como *cyberbulling* ou *sexting*. Alerta para o uso abusivo, que altera padrões de sono, perturba o aprendizado, traz mudanças de comportamento, como cansaço, irritabilidade, recolhimento social etc..

Walter Mattos, psicoterapeuta, com larga experiência nas questões de abuso e dependência de substâncias, escreve no décimo primeiro capítulo sobre "O encontro do adolescente com as drogas". Descreve estatísticas recentes a respeito do crescimento do uso de drogas ilícitas nos últimos anos e do uso abusivo do álcool, causador de porcentagem importante de doenças e mortes na população mundial. O autor considera que o uso e abuso de substâncias se amplificou e sofisticou muito nos últimos anos. A partir de sua experiência clínica com adolescentes e seus pais, o autor adverte que se a disponibilidade e a atenção dos pais estiveram presentes ao longo do crescimento do filho, é provável que o adolescente encontre as drogas no seu caminho, mas que isso não se torne um grande problema. Caso contrário, pode ser um sinal para os pais reverem posturas e valores.

Criar e educar filhos dá trabalho sem dúvida e exige uma disponibilidade de muito tempo e por longos anos, mas pode ser uma inesquecível aventura, aventura de um relacionamento, construído com amor e compreensão que se eterniza.

Acompanhar crianças, adolescentes e jovens no seu processo de desenvolvimento, faz reviver a criança eterna dentro de cada um.

> *Em todo adulto espreita uma criança - uma criança eterna, algo que está sempre vindo a ser, que nunca está completo e que solicita cuidado, atenção e educação incessantes. Essa é a parte da personalidade humana que quer desenvolver-se e tornar-se completa* (Jung, 1983, §286, Desenvolvimento da Personalidade).

Boa leitura!

Ceres Alves de Araujo

CAPÍTULO 1

POR QUE TEMOS FILHOS

FRANCISCO B. ASSUMPÇÃO JR.

Antes de se começar a se falar em filhos, temos que nos perguntar por que os temos.

Como já disse Vinícius de Moraes,

"Filhos... Filhos?
Melhor não tê-los!
Mas se não os temos
Como sabê-lo?"[1]

Somente depois de sabermos por que os tivemos é que devemos parar e pensar como os estamos cuidando e criando.

Somente após sabermos por que decidimos sacrificar boa parte de nossa liberdade e individualidade por eles é que devemos continuar falando sobre eles enquanto crianças, adolescentes e jovens.

Isso porque, a despeito de nos parecer algo trivial e cotidiano, a opção por ter filhos é extremamente séria e com grandes repercussões na vida daqueles que assim o decidem, bem como na daqueles que estão sendo concebidos. Exatamente por isso é que, antes de tomarmos qualquer decisão, devemos parar para pensarmos:

"Por que casamos e queremos ter filhos?"

1. Moraes, V. Poema Enjoadinho.

Dessa maneira, o primeiro tema a ser pensado, quando falamos em crianças e adolescentes, é referente aos pais, e isso não é meramente uma questão filosófica, é uma questão prática e também clínica, para quem trabalha com o cotidiano de crianças e adolescentes.

Para que pensemos isso de maneira um tanto quanto isenta de valores e preconceitos (principalmente os que permeiam, cotidianamente, a pós-modernidade em suas manifestações sociais) temos que voltar a, aproximadamente, 2.000.000 de anos, quando um pequeno antropoide fez algumas modificações importantes em sua estrutura física, visando sua sobrevivência. Uma dessas mudanças físicas, em particular, a cerebral, lhe permitiu manipular informações de maneira rápida e precisa, de forma a que ele pudesse se adaptar, cada vez melhor, a novos ambientes e situações, o que a passagem para ambientes abertos passou a exigir, com desenvolvimento de maior agilidade e dissimulação para a competição visando a sua própria sobrevivência.

Essas transformações com caráter adaptativo e de sobrevivência fizeram com que esse pequeno antropoide tivesse que esperar mais tempo para chegar à idade adulta, o que lhe demandou uma idade mais alta de reprodução e um índice reprodutivo menor. Assim, seu filhote passou a ser cada vez mais frágil e, por isso mesmo, precioso, passando a exigir maiores cuidados e necessidades, o que ocasionou que essa espécie passasse a apresentar uma maior propensão à partilha e maiores índices de vigilância, principalmente no que se refere ao cuidado com seus filhotes.

Justamente pela sua gregariedade, falar com outros membros do grupo passou a ser um desafio mental maior do que, simplesmente, manipular objetos, pressupondo troca de informações e atenção partilhada e, dessa forma, seguindo as regras básicas dos mecanismos de evolução, o sucesso individual passou a determinar os genes que seriam transmitidos à geração seguinte fazendo com que a capacidade de trabalho conjunto, o planejamento e construção de ferramentas tenha possibilitado que ele pudesse prever aquilo que se tornaria necessário. Dentro dessa perspectiva a divisão de trabalho por diferentes habilidades, tanto em nível familiar como social, facilitaram não somente a sua sobrevivência como o desenvolvimento de uma cognição social.

Todos esses elementos podem parecer distantes de nosso momento, porém devem ser mantidos em nossas mentes pois cabe a nós a passagem para as novas gerações, nossos filhos, os mesmos elementos que determinaram a sobrevivência de nossos antepassados, ou seja, essa cognição social e essa capacidade de adaptação ao grupo no qual se inserem.

Assim, quando falamos em casamento, dentro de uma perspectiva puramente biológica, falamos de um aspecto reprodutivo e de criação de prole, mesmo que a pós-modernidade (com algumas razões aceitáveis) refira a sua não essencialidade (o que em um mundo com mais de sete bilhões de habitantes é francamente compreensível).

Exatamente por isso, mas principalmente pelos aspectos sociais dessa pós-modernidade que parece querer ignorar aspectos básicos de nossos desenvolvimento, é que tentarei partir de uma primeira pergunta que é "por que as pessoas casam" para, posteriormente chegar a uma segunda questão que é "por que as pessoas decidem ter filhos."

Indo para a primeira questão, podemos dizer, sem medo de errar, que quase ninguém se faz essa pergunta e, quando se faz, pensa de forma quase automática que casar "faz parte da vida", obedecendo a um *script* pré-estabelecido: crescemos, estudamos, nos formamos, começamos a trabalhar, casamos, temos filhos (que esperamos crescer) e netos para aguardarmos tranquilamente a morte de forma bem-aventurada.

A verdade entretanto é que o fenômeno é um pouco mais complexo, à parte essa cobrança social que, praticamente exige que estabeleçamos relacionamentos estáveis e sérios, na maior parte das vezes com filhos, sendo já bastante difícil não haver uma crítica familiar, social ou mesmo pessoal, ainda que velada, quando alguém não se dispõe a viver com alguém ou, mesmo, ter prole.

Aquele pequeno antropoide estabeleceu e desenvolveu uma cultura acumulativa e um aprendizado social que garantiram que os problemas físicos associados a predadores, presa e abrigo, deixaram de ser desafiadores em termos cognitivos, mas, em contrapartida, passaram a ser importantes os esquemas adaptativos e de sobrevivência dentro do próprio grupo, esquemas esses cada vez mais sofisticados, em que pesem os argumentos superficiais e midiáticos de que tudo é possível e de que podemos ser quem quisermos, independentemente de nossas limitações genéticas, ambientais e históricas...

Estratégias sociais tem impacto sobre as outras pessoas e essas estratégias não são automáticas nem mecânicas, uma vez que não se fala com o outro seguindo um conjunto de regras imutáveis, como no mundo natural. Assim, outros humanos mudam suas condutas aleatoriamente e, para a sobrevivência, faz-se necessário que se identifiquem objetivos divergentes, coalizões complexas e rivalidades invejosas com uma antevisão do comportamento do outro, compreendendo-se seu raciocínio e seus objetivos, mesmo que sejam diferentes dos nossos próprios. consequentemente, sem essa capacidade de diferenciar as ações intencionais das não intencionais, tem-se uma habilidade muito limitada para prever atos futuros de convivência com outras pessoas (incluindo-se dificuldades em partilhar), tudo isso de fundamental importância para a vida familiar e cuidados para com a prole. Assim, casar implica nessas habilidades cognitivas e, mais ainda, na disponibilidade em se utilizá-las visando-se um objetivo comum.

Caso tentemos continuar a pensar de maneira aparentemente menos árida, e em conformidade com as ideias românticas que começaram lá pelo século XIX e que influenciaram profundamente o pensamento moderno, podemos dizer que é a partir do apaixonamento, enquanto estímulo afetivo, que casamos, para que a paixão (sempre ameaçadora e preocupante) possa ser controlada institucionalmente e, assim, estabeleçam-se regras específicas que permitam a sua estabilidade dentro de uma relação contratual e normatizadora. É a partir dessa regulamentação e institucionalização que se distribuem papeis, divide-se o trabalho e os recursos, na maioria das vezes (em que pesem as discretas mudanças da pós-modernidade) para que seja possível a criação e a manutenção da prole até o momento de sua autonomia, autonomia essa que demanda cada vez mais tempo e cuidados, uma vez que a sobrevivência dessa prole exige cada vez mais habilidades e investimentos.

O filhote humano é frágil e requer muito tempo para que seja capaz de sobreviver somente às próprias custas havendo, neste momento histórico, necessidade de grandes esforços pessoais para que ele desenvolva atributos tais que o façam capaz de subsistir por si só em um mundo cada vez mais sofisticado, tecnológico e principalmente competitivo, em que pesem os discursos utópicos frequentemente disseminados pela mídia.

Habitualmente tal fato ocasiona uma limitação na vida de cada um dos atores dessa apresentação tragicômica denominada casamento. Temos então que considerar que para o exercício desses novos papeis de pai e mãe (e utilizamos aqui os termos tradicionais sem os x finais que os tornariam de difícil compreensão ao leitor) exige-se a alteração de projetos individuais e de aspectos da própria personalidade, uma vez que cânones e valores estão profundamente arraigados nas imagens de casamento ainda que existam modificações trazidas pela modernidade. Entretanto, essas alterações (que são bastante superficiais, uma vez que estereótipos permanecem profundamente arraigados no inconsciente dos participantes) afetam as estruturas mais profundas dessa instituição casamento. Assim, a segurança e a estabilidade trazidas pela ligação estável cobram um alto preço representado, muitas vezes, pelo tédio que leva a um conflito traduzido pela manutenção e permanência da liberdade e das infinitas possibilidades do ser filho (bem como o prazer decorrente disso), em contraposição à estabilidade e as limitações do ser adulto e casado.

Concomitantemente, temos que pensar que qualquer ameaça à coesão grupal e à coordenação dos grupos em detrimento da cooperação e interdependência das ações humanas altera a segurança da prole e dos próprios membros do grupo familiar, ameaçando a sobrevivência não necessariamente física, mas principalmente psicológica da prole.

O desenvolvimento de habilidades sociais dentro do ambiente familiar deve levar, teoricamente, ao desenvolvimento de melhores capacidades cognitivas que possibilitem a exploração mais eficaz de novas oportunidades sociais com a capacidade de cooperação e divisão de trabalho, tornando a adaptabilidade e a eficácia dentro do grupo, maiores.

Entretanto, a adaptação tem alto custo pois se, por um lado, as características do filhote humano lhe proporcionam maleabilidade e, em consequência, uma capacidade de adaptação fantástica, por outro lado, lhe ocasionam complexidade tal que durante muito tempo, após o processo de nascimento, ele é obrigado a viver sob proteção, pois, conforme já dissemos, grandes são sua heteronomia e dependência, bem como sua extrema fragilidade.

Esses são os motivos básicos de pensarmos o porquê do querermos casar e principalmente do querermos ser pais, uma vez que tais decisões ocasionam um índice de trabalho e de responsabilidade tais que não me parecem que devam ser um desejo ligado unicamente a uma pretensa realização pessoal egoísta e narcísica.

Curvar-se a essa prescrição social do casamento traz um risco da impessoalidade da existência que se aliena[2] e que pode levar a uma solidão (muitas vezes a dois) acompanhada de insatisfação decorrente do domínio e do controle da vontade e dos desejos[3]. Com isso, tem-se que trocar, muitas vezes, a própria identidade por papeis rígidos, repetidos e avaliados constantemente, com o consequente sofrimento físico e psíquico[4].

Indo-se para a segunda questão e pensando-se de forma predominantemente biológica a resposta sobre o porquê de se ter filhos é fácil. Humanos tem filhos para que possam passar para geração seguinte seus genes e com isso garantirem seu sucesso reprodutivo e, consequentemente, o sucesso da espécie.

Entretanto, com uma história de mais cinco mil anos, eles deixaram de ter essa necessidade, inclusive pela atual superpopulação mundial que mostra que não existe essa necessidade de se ter tantos filhos para que se garanta a continuidade da espécie. Entretanto, naquilo que diz respeito ao cuidado da prole temos que pensar que, no que diz respeito ao seu comportamento pós-natal, o filhote humano não pode só contar com as informações contidas em seu DNA, muito pobres, se

2.Carotenuto, A. Amar, trair: quase uma apologia da traição. São Paulo, Paulus, 2004

3. Freud, S. O mal-estar na cultura. Porto Alegre; L&PM, 2010

4. Roehe, UM; Dutra, E. Dasein, o entendimento de Heidegger sobre o modo de ser humano. Avances em Psicologia Latinoamericana32(1):105-113; 2014

não sofrerem a ação do ambiente que modelará e enriquecerá sua existência. Da mesma forma, o que essa criança aprende em sua vida é limitado se depender somente daquilo que os pais lhe dizem, embora isso tenha um aspecto fundamental que demanda dos pais um contato prolongado com essa prole. Mais ainda se pensarmos que as informações devem ser passadas através das gerações de forma que se acrescente ao que se aprende com os pais e com a herança genética, aprendizado esse cada vez mais sofisticado, em função do desenvolvimento, pela espécie, da linguagem oral e escrita. Incorpora-se assim, na vida desse filhote, a questão acadêmica mas, principalmente cultural e social. E se aquela é quase sempre dependente das instituições escolares, as questões da cultura devem ser mediadas exclusivamente pelos pais e pela família. Dessa maneira, a terceirização da educação pela família para a escola, embora aparentemente funcional, traz dificuldades à própria capacidade adaptativa da prole uma vez que para a espécie humana nada é mais importante que as ligações sociais que permitem que se aprenda o que os outros estão pensando, fato que leva a maior segurança relacional e, consequentemente, maior capacidade de coordenação social e de trabalho com o estabelecimento de uma inteligência social que permite que, ao se compreender o que o outro pensa e sente, dá-se a "resposta correta" uma vez que falar sem pensar causa problemas e os impulsos, que surgem de regiões específicas do cérebro (núcleos da base: accumbens, amigdala) e que buscam a satisfação imediata, devem ser controlados para que essa adaptação social seja eficaz (córtex pré-frontal lateral e córtex cingulado). Trocando-se esse discurso sofisticado por termos práticos podemos dizer que alguns aspectos inatos devem ser mediados pela cultura, como por exemplo o controle de impulsos, e que o ensino do que uma criança pode e deve fazer, assim como ela pode e deve se comportar em diferentes ambientes considerando-se suas características, depende "primordialmente" de seus pais que, para isso, despenderão tempo, energia e, principalmente, dedicação.

Para a flexibilidade (fundamental para a sobrevivência social) necessita-se maior controle desses impulsos. Provavelmente as exigências sociais levaram ao desenvolvimento maior do autocontrole, útil principalmente nos objetivos de longo prazo. Assim, o discurso pós-moderno de que a criança não pode ser frustrada e que suas vontades são sempre fundamentais, deve ser revisto pelos pais uma vez que é, juntamente com o acolhimento, a exposição à frustração que faz da criança um futuro adulto capaz.

Considerando-se todas essas questões, podemos perceber de maneira clara que o investimento parental é consequência marcante tanto da imaturidade do filhote humano quando comparado com outros de primatas não-humanos, como da baixa eficiência reprodutiva da espécie.

Assim, embora o cuidado parental seja raro entre mamíferos, ele é um dos principais fatores no desenvolvimento da prole sendo fortemente relacionado a monogamia. Assim sendo, quer pensemos biologicamente, quer pensemos historicamente, ter filhos, para humanos, significa saber que vai se cuidar (não somente economicamente) deles por muito tempo, ensinando-os e orientando-os de forma a serem capazes de crescer e se adaptar à gregariedade da espécie.

Ao pensarmos em modelos adaptativos, falamos de aspectos destinados à preservação de si mesmo e do outro, em qualquer contexto, independentemente de sistemas de suporte uma vez que esses existem e são construídos, já em função de questões éticas, devendo, portanto, ser assim considerados. Isso se constitui em uma via de mão dupla, uma vez que temos que perceber que da mesma forma que é ético exigir que aceitem um filho que eu não consigo adaptar, é ético pensar que o outro também tem limites que devem ser respeitados e que não devem ser invadidos por um filho de outrem.

Os sistemas de suporte, indispensáveis em populações humanas civilizadas, não são estruturas inerentes ao humano mas algo construído a partir de necessidades básicas que são (ou não), gradualmente, significadas e que passam a representar os modelos de progresso e de desenvolvimento que podemos observar na história do cuidado ao outro. Entretanto, seu desenvolvimento demanda tempo e mudanças culturais que são sempre lentas e custosas.

Nada é puramente espontâneo nem puramente circunstancial, isolado em uma época ou em uma cultura. Tudo é derivado da própria construção humana que tenta melhorar seu desempenho nessa questão do cuidado sem, entretanto, nunca atingir um modelo idealizado.

Assim, podemos continuar a pensar de forma a nos determos mais na questão do significado de se ter filhos e, exatamente por isso, podemos nos remeter a uma frase que todos já escutaram e que, provavelmente, nunca pararam para pensar nela uma vez que é daquelas frases sempre repetidas enquanto lugar-comum e sobre as quais pouco se reflete.

Habitualmente as pessoas costumam dizer que para alguém se realizar na vida, deve ter um filho, escrever um livro e plantar uma árvore.

Como falei anteriormente, as pessoas costumam pensar muito pouco a respeito, embora essa frase tenha um significado muito claro que nos remete a um dos nossos medos mais profundos. Essa frase simples nos traz a receita de como se tenta enganar o tempo.

Quando ela é falada, se imagina, fantasiosamente, que se persiste após a morte através dos filhos, das obras realizadas que transcendem o tempo razoavelmente curto da nossa existência, e das árvores que têm um tempo de vida muito maior que nós, humanos.

Entretanto, se pensarmos com mais cuidado verificaremos que isso não é verdade, embora diminua a nossa ansiedade e angústia decorrentes da percepção de nossa finitude enquanto indivíduos.

Esse "enganar o tempo" é uma das muitas razões através das quais as pessoas, principalmente mulheres, chegam a um consultório e falam: "Eu preciso ter um filho porque meu tempo está vencendo", sem se darem conta de que a vida não tem um *script* pré-estabelecido e que, justamente por ela depender de escolhas e possibilidades, o fato de se ter um filho, longe de ser uma obrigação social, se constitui num ato consciente, voluntário e que deve ser muito bem pensado e pesado posto que, como já dissemos, altera de maneira significativa o existir daqueles que assim o decidiram.

Em segundo lugar, exatamente pelo fato de que ter um filho é uma escolha, não tem sentido a ideia de que alguém não se realizaria enquanto pessoa, caso decida ou não possa tê-lo.

Dessa forma, os dois motivos que apresentamos não tem sentido. Um relacionamento deve se estabelecer somente se é bom, e não porque o tempo está vencendo ou se tem medo de ficar só.

Caso esse relacionamento seja bom ele persiste (e essa persistência depende de aspectos biológicos, econômicos, psicológicos e sociais). Consequentemente, se ele é bom e persiste, podemos pensar que deve apresentar significados e é dentro desses significados que se deve buscar o porquê de desejar um filho. Ter um filho, conforme já falamos, é uma decisão consciente que traz, como consequência, abdicar de uma série de papeis sociais, inclusive do papel de filho, para que se possa assumir os papéis de pai ou mãe, sendo que isso não é uma obrigação social embora, na maioria das vezes, as pessoas vejam o fato como um *script* a ser cumprido dentro da perspectiva de que se "nasce, estuda, consegue-se um bom emprego, casa, tem filhos, espera que esses filhos cresçam e nesse intervalo cuida deles, espera-se que tenham netos para que também cuide deles, até que se morra na expectativa de ganhar um santinho na missa de sétimo dia, citando para a posteridade: *marido amantíssimo, pai exemplar saudades imorredouras...*

Infelizmente, grande parte das pessoas pensa que a vida é isso, cumprir papéis, embora, a meu ver, ela deva ser muito mais que isso. Ela é composta por projetos e significados muito mais abstratos e pessoais e, por isso, ela apresenta escolhas, e escolher ter um filho significa escolher permitir que outro ser venha ao mundo, outro ser que vai demandar cuidados muito intensos, cuidados esses que vão, obrigatoriamente, levar a perda da liberdade individual a partir dessa decisão, uma vez que se estabelecem compromissos com a criança, compromissos esses que demoram muito tempo até que possam deixar de serem cumpridos.

Uma criança, para se desenvolver depende de segurança, não só biológica, mas de segurança, não somente física (cuidados materiais) mas principalmente psicológica (cuidados e dedicação), e como ele também depende dessa segurança psicológica, ele precisa se sentir seguro e, por isso, papéis de pais, são papéis importantes, não somente sob o ponto de vista de manutenção biológica ou de fornecimento de recursos, mas principalmente sob o ponto de vista de padrões de funcionamento, de princípios, de modo de pensar e de estabelecimentos de projetos de vida. Tudo isso é muito difícil, demanda maturidade, abnegação e, principalmente, disponibilidade, porém, é sempre muito difícil.

Assim, quando digo que se deve abrir mão do papel de filho para assumir o papel de pai, quero dizer que se abre mão de desejos e necessidades pessoais (como por exemplo jogar futebol com os amigos na sexta-feira à noite ou da ida ao cabelereiro do sábado) para ficar com esse filho. Não que não se possa fazer tudo isso, mas tem-se que saber que ele faz parte do meu "projeto de vida" e que, por isso, deve ser privilegiado, uma vez que, praticamente, precisa mais de mim do que eu dele (conforme falei antes, não somente por razões de sobrevivência biológica. Também por razões psicológicas e sociais). Entretanto, a modernidade parece ter invertido um pouco isso e nós passamos a considerar que um filho é fundamental para nossa própria realização quando, em verdade, a questão é diferente. Como já falamos, um filho é uma opção que se tem e que, uma vez assumida, significa doação, cuidados, e uma assimetria relacional tal, para que haja um padrão de desenvolvimento bom, os pais terão, quase obrigatoriamente, que abrir mão de uma série de coisas anteriormente valorizadas. E porque eu digo anteriormente? Porque o aparecimento de um filho transcende o valor dessas coisas e elas passam a ser secundárias e a ter muito menos importância do que esse pequeno ser que começa a existir.

A partir desses dois questionamentos é que nós vamos falar de crianças, adolescentes e jovens. Assim sendo, antes de tê-los cabe perguntar:

Por que que eu casei ou quero casar? O que eu espero disso?

O casamento é um contrato que, "a priori", serve para dar aos filhos essas condições de que nós falamos até agora, e permitir que eles sobrevivam e sobrevivam bem, de maneira eficaz e adaptada.

Por que eu decidi ter um filho? O que eu quero disso?

O paradoxo que vivemos se acentua a partir do romantismo que vai considerar o casamento "um ato de amor", sublinhando a liberdade de escolha e a sua democratização, embora não lhe tirando os pesos de que deve ser eterno e de escolha única da "outra metade", escolha essa citada desde Platão e retomada por Freud.

Esquece-se então que ele estabelece um contrato que regulamenta os afetos e comportamentos inconscientes e involuntários de maneira contábil e econômica. Esse fato é desconsiderado quando nos remetemos à boa parte da literatura que estuda o casamento, principalmente naquilo que se refere a sua funcionalidade e que, por isso, procura associá-lo a amor e a paixão, esquecendo-se que essa ligação é um fenômeno historicamente recente e, difícil de ser realizado considerando-se esse paradoxo que apresentamos. Suas expectativas são então muito altas envolvendo aspectos que, muitas vezes, se mostram incompatíveis uma vez que citam companheirismo, quantidade amor e afeição, segurança emocional, crianças felizes e saudáveis, desenvolvimento da personalidade, manutenção de um lar, atividades de interesse comum, segurança econômica, unidade religiosa e moral, relações sexuais satisfatórias e um sem número de quesitos que, se vistos a distância e de maneira cuidadosa, se revelam, de difícil acesso e manutenção.

Na maioria das vezes não é a paixão que leva à institucionalização dos sentimentos, mas a legitimidade social, o estádio ético kierkegaardiano, que faz com que se viva conforme a norma e se renuncie à aventura existencial individual[5] .

Tem-se, então, aquilo que chamaríamos de casamento patriarcal ou que eu chamaria de "paixão institucionalizada" e que constitui, somente em uma forma externa, a "persona", atrás da qual se ocultam as formas de relacionamento e que se constitui em uma solução coletiva na qual Masculino e Feminino se unem em um estado no qual um ampara o outro, de maneira quase sempre simbiótica. Tem-se então o risco de se estabelecerem estruturas rígidas e dominadoras, inflexíveis e incapazes de criar alternativas e que, mesmo sem querer e de maneira quase despótica, acabam triturando o indivíduo, pois não admitem particularidades e caráter individual, só conseguindo gostar daquilo que determinam e controlam de maneira total, uma vez que a singularidade dos indivíduos, alheios ao papel coletivo, representa a refutação da estabilidade, origem do controle, do afastamento do individual e da rejeição da singularidade.

Por considerar o casar e ter filhos como parte de um projeto existencial muito mais amplo do que simplesmente seguir um caminho previamente estabelecido pela cultura e pela "massa" é que consideramos as duas questões, que dão nome ao título do capítulo, como fundamentais para o início dessa jornada que, ao mesmo tempo, rica e interessante, apresenta riscos e custos altos pois ela se insere na questão socrática do *conhece-te a ti mesmo* e que tem, enquanto consequência, o enigma da Esfinge que diz: *Decifra-me ou te devoro!*

---

5. Villain,P. Dans le séjour des corps; Lonrai; Transparence; 2010

CAPÍTULO 2

MASSAGEM PARA BEBÊS E A MODERNA TEORIA DO APEGO

LIGIA BONINI

A massagem de bebês é uma arte tão antiga como profunda. Difícil porque simples, assim como tudo que é profundo (Leboyer)[1].

A importância do toque amoroso será apresentada neste capítulo como um meio facilitador do vínculo afetivo mãe/cuidador - bebê, base de um bom desenvolvimento da criança e do apego seguro, principalmente na primeiríssima infância, período que se refere aos primeiros mil dias da criança, ou seja, do nascimento até os 4 anos.

Às vezes recebo a ligação de uma mãe dizendo: *"Por favor! Preciso da sua ajuda! Não estamos dormindo! Meu bebê não dorme!* Ou: *"Ajude-me! Não consigo amamentar meu bebê! Meu filho tem muitas cólicas! Refluxo!"*. Ou ainda: *"Meu menino de 9 anos não dorme sozinho, tem medo, é ansioso!".* Trata-se de algumas queixas e questões que fazem parte do cotidiano de muitos pais e que geram sofrimento, instabilidade familiar e são o motivo pelo qual os pais/cuidadores procuram a minha ajuda profissional, geralmente indicados por médicos, pediatras ou psicólogos que atendem as famílias.

No primeiro contato com os pais/cuidadores, é importante inicialmente a escuta sobre essas questões que os afligem e os tornam tão impotentes frente a situações de estresse dessa

1 a 8. Frédérick Leboyer, médico obstetra da década de 1970, foi responsável pelo parto humanizado, sem dor e sem violência para o bebê. Autor do livro SHANTALA, massagem para bebês.

fase inicial. Entretanto, outras informações são fundamentais para que se possa ajudar a família nesse momento de estresse. Como foi a gravidez: programada ou não; como a notícia da gravidez foi recebida pelo casal e pelos familiares; como os pais estão se preparando internamente para receberem seus bebês; quais as expectativas e as emoções vividas pelo casal, pela família, pela mãe.

A compreensão de como se prepararam para exercer a função de pai e mãe e como o casal criou o espaço nas suas vidas para receber esse novo ser também é de interesse nesse primeiro contato, pois muitos autores enfatizam a importância de a criança ser concebida na psique dos pais antes de ela ser concebida e existir.

Outras informações sobre o histórico também são importantes, como o desenvolvimento da gravidez: saber se a mãe teve acompanhamento pré-natal, como foi a experiência de estar grávida, qual era sua emoção, se o parto foi normal, cesária, a termo e se o local onde fez o parto era adequado.

As contribuições de vários neurocientistas, neurobiólogos, neurofisiólogos, neuropsiquiatras, neuropsicólogos e todos os estudiosos e pesquisadores do comportamento infantil, mais precisamente da primeiríssima infância, cujas teorias, fundamentam e embasam este capítulo são aqui descritas.

O QUE É APEGO SEGURO?

De acordo com Ceres Araujo (2017), psicóloga, estudiosa do

desenvolvimento humano, no início do desenvolvimento, um apego saudável consiste na possibilidade de uma mãe ser capaz de espelhar as emoções e os afetos do seu bebê, de tal forma que ele possa se sentir calmo e seguro, isto é, a mãe precisa ser empática e conseguir intuir o que seu bebê está sentindo. Isso é necessário para que o bebê possa adquirir a autorregulação das emoções, processo que acontece por volta dos 2 anos de idade e é tão importante para a criança saber lidar com suas próprias emoções. Inicialmente, a mãe é quem regula as emoções do bebê, acalmando quando chora, por fome ou sono, ou conversando com ele, tranquilizando-o. A autorregulação irá acontecer por volta dos 2 anos de idade, quando a criança consegue sozinha se acalmar e só será possível se a mãe conseguiu regular as emoções dele inicialmente. A partir desse processo, ele poderá criar a busca da sua própria identidade.

A neurociência hoje comprova que as emoções formam o cérebro e as primeiras emoções são as emoções da mãe. A emoção funciona como um processo organizador do cérebro, que irá proporcionar a capacidade de a criança se adaptar ao ambiente e lidar com as adversidades.

A teoria do apego ou da vinculação foi estudada por John Bowlby, psicólogo e psiquiatra, a partir de 1940. Trata-se da teoria do comportamento instintivo, sendo o vínculo da criança com a mãe /cuidador o produto de um certo número de sistemas comportamentais que têm a proximidade com a mãe como resultado previsível. Há uma função biológica.

O bebê busca por proximidade uma figura de apego, seu

cuidador/ mãe/ pai, figuras receptivas socialmente ao bebê, e que com ele formam um vínculo afetivo.

Boris Cyrulnik (2009), etólogo e neuropsiquiatra, especialista em resiliência define nicho sensorial como o espaço da intersubjetividade, o ambiente compartilhado entre o novo ser humano e seus cuidadores, caracterizado pelas pressões que dirigem e organizam o desenvolvimento. Se o nicho for pobre ou sofrer alguma alteração, o desenvolvimento do cérebro do bebê pode correr risco, levando a criança ter transtornos psicológicos e/ou neurológicos consideráveis. A criança pode apresentar-se ansiosa, chorar muito, ficar insegura, com dificuldades de aprendizagem e nas relações com as outras pessoas.

Allan Schore (2012), psiquiatra, estudioso da psicologia do desenvolvimento que reformulou a teoria do apego de Bolwby enfatizando que a relação de apego entre mãe e filho molda o lado direito do cérebro, responsável pelos processos emocionais e regulador das emoções. Diz que o primeiro apego é com a mãe / substituto e, no segundo ano de vida, criará um vínculo com o pai. Enquanto a mãe acalma, molda o lado direito do cérebro, o pai mais energético o ensina a explorar. Daí a importância do bom relacionamento entre o pai e a mãe ou cuidadores para o crescimento do cérebro e o estabelecimento do apego.

As relações de apego seguro ou inseguro são caracterizadas pela qualidade dos cuidados da mãe ou do cuidador e pela empatia, e irão moldar o desenvolvimento dos sistemas neurológicos, que, por sua vez, regulam o estresse. A partir da relação com essa figura, o bebê se sentirá seguro para explorar o ambiente, engatinhar, andar e se relacionar socialmente. Acredito que ele vai conseguir suportar a ausência da figura de apego e se acalmar com o seu retorno. A partir dessa relação, a criança constrói um modelo representacional interno de si mesmo e que mais tarde proporcionará a ela a capacidade para explorar o novo e adquirir autonomia.

Daniel Stern (1997), psiquiatra, pesquisador da psicologia do desenvolvimento que realizou observação dos vínculos afetivos entre o bebê e sua mãe diz que, no nascimento apenas a amígdala está ativa na regulação emocional para regular os sistemas de estimulação cerebral, mas é a partir da oitava semana pós-parto (2 meses após o nascimento) que ocorre um salto do desenvolvimento psicobiológico, quando o repertório do bebê começa a incluir vocalizações e expressões faciais que respondem ao comportamento dos seus pais. Os gestos, o olhar, o corpo e a voz passam a fazer parte da interação pai- mãe - bebê.

OS CUIDADOS COM A MÃE E A IMPORTÂNCIA DO PAI

Antes que eu fale do bebê e da tríade mãe-pai-bebê, devemos ressaltar os cuidados com a mulher grávida, a mãe, para que sua gravidez seja tranquila, livre do estresse; ela deve ser acolhida pelo marido e pela família para proporcionar um bom desenvolvimento para seu bebê.

Cyrulnik (2020) aprofundou as ideias sobre o funcionamento do cérebro, recentemente em uma palestra sobre resiliência; ele disse que o cérebro é esculpido pelo meio, moldado pelo nicho sensorial precoce e, quando a mãe é exposta a ambientes violentos, quando se sente sozinha ou desamparada, insegura ou está estressada pela sua história, pelo marido, pela família, o bebê que ela carrega no útero vem ao mundo com alterações no sistema límbico, no cérebro. O estresse materno danifica o cérebro da criança, podendo gerar um traumatismo duradouro. Por meio do trabalhos epigenéticos, hoje sabemos que o estresse materno secreta substâncias como o cortisol e as catecolaminas, que poderão danificar o cérebro da criança e gerar determinados traumas.

O pai ou o substituto tem um papel fundamental durante a gravidez e após o nascimento do bebê. Ele é provedor de proteção, segurança e tranquilidade para a mulher grávida. Se ele estiver estressado, ansioso, deprimido, poderá deixar a mãe e o bebê também estressados, ansiosos, o que poderá abalar o bom desenvolvimento do bebê.

Considero importante os pais buscarem orientação, ajuda, desde a concepção do bebê para poderem desenvolver um ambiente saudável, acolhedor, e positiva relação de apego para o crescimento sadio do bebê nos aspectos físico, afetivo e cognitivo.

Para Mônica Andrigo (2019), psicóloga junguiana, a função materna está ligada à nutrição afetiva e alimentar, à proteção e à segurança emocional, aos cuidados de higiene, ao bem-estar do bebê, enquanto que a função paterna envolve a afetividade, a introdução do outro, do limite, da ordem, da lei, a inserção social da criança no mundo, além de proporcionar à mãe o suporte emocional necessário para o exercício da maternagem.

A IMPORTÂNCIA DE "TOCAR" O BEBÊ

Nos bebês, a pele transcende a tudo,
É ela o primeiro sentido,
É ela que sabe, ...
É preciso dar atenção
a esta pele, nutri-la,
Com amor.[2]

Todos os mamíferos lambem energeticamente seus filhotes desde o nascimento. Quando isso não ocorre, os filhotes morrem cedo, diz Leboyer.

"Tocar" o bebê logo no início é tão importante quanto o lamber dos animais para a sua saúde física e mental.

Ashley Montagu (1988), antropólogo, diz que a pele é o mais antigo e sensível de nossos órgãos, sendo o primeiro meio de comunicação, além de ser o nosso mais eficiente protetor. A estimulação tátil tem efeitos profundos sobre a criança tanto no nível fisiológico quanto comportamental. Atua bioquimicamente no cérebro e no sistema imunológico do bebê.

A pele possui receptores térmicos, elétricos, de pressão, capazes de transmitir uma grande quantidade de informações para os córtices somatossensoriais, que são responsáveis pelo mapeamento do estado corporal e pela fisiologia das emoções e dos sentimentos.

Araujo (2017) aponta que é pela sensação que o feto constrói uma pintura neuronal da superfície e dos limites do próprio corpo, sentido de integridade física e continuidade, que ocorre da 8ª à 14ª semana da gravidez, e que lhe proporciona condição para o desenvolvimento da identidade pessoal.

O bebê, quando é privado do toque da mãe ou do cuidador, poderá apresentar dificuldades psicológicas, cognitivas e comportamentais, sentir-se inseguro, ter baixa autoestima, dificuldades nos relacionamentos com outras pessoas e consigo mesmo.

Esses sintomas que o bebê apresenta levam os pais e mães a introduzir a massagem de bebês como um meio para promover uma relação adequada e um bem-estar emocional. O apego seguro, na maioria das vezes, pode favorecer o alívio dos sintomas que os bebês apresentam, como cólicas, dificuldade para dormir, agitação excessiva, choros muito intensos.

O primeiro objeto de interesse do bebê é a mãe, que ele percebe pela voz, pelo olhar, pela respiração, pelo cheiro, pelo toque. Percebe também quando ela está ansiosa, estressada ou deprimida. Quando não há causas físicas e orgânicas que os justifiquem, esses sintomas (choro excessivo, não dormir, agitação...) são as respostas da criança ao ambiente que às vezes é instável e inseguro.

Francisco Assumpção (2019), neuropsiquiatria infantil, salienta que, a sintonia nas trocas afetivas entre mãe e filho, servirá para regulação e adaptação de condutas cada vez mais complexas. Quando a mãe não consegue ou não sabe perceber, não é empática e não consegue regular os estados e as necessidades afetivas da criança, quando há ruptura dessa conexão, o desenvolvimento afetivo também tem maiores dificuldades em se estabelecer. Será necessária uma reconexão.

Os autores salientam que a mãe não precisa ser sempre perfeita e a sintonia ser sempre alcançada, isto é, não se esperam uma sintonia perfeita e uma contingência perfeita o tempo todo.

Margareth Wilkinson (2010), psicóloga e analista junguiana, cita que há momentos em que a mãe não vai entender o que está acontecendo com seu bebê e não será capaz de dar conta da situação. O bebê continua chorando, não se acalma. Aqui houve uma quebra da sintonia e é necessário a mãe buscar uma nova sintonia, conectando-se novamente com o bebê, estabelecendo uma nova sintonia; e assim a vida segue. Isso acontece não somente com os filhos, mas também com casais, amigos, familiares, mãe/filho (a), pai/ filho(a). Há sempre a busca para se retomar a sintonia em quaisquer relações.

Muitas mulheres com filhos não têm a proteção e os cuidados necessários para que possam receber seu bebê com tranquilidade. Algumas estão sozinhas, sem seu companheiro; outras vivem em um ambiente agressivo e hostil; e outras, mesmo tendo um companheiro amoroso, presente, nunca se atentaram para sua forma de ser, para seu perfil psicológico, e estão vulneráveis.

Durante os atendimentos que realizo com os pais, encontro também mulheres que não estão preparadas para a maternagem. São mulheres que somente investiram na vida profissional ou aquelas que permanecem muito filhas e não adquiriram o papel conjugal ou ainda aquelas que têm dificuldades consigo mesmas, que não se olham, não se enxergam e não se percebem, elas não estão prontas exercer a maternagem.

Considero importante a mãe ter um autoconhecimento ou uma boa percepção de si para que possa desenvolver a maternagem. Esse momento, para muitas mulheres/mães, é um motivador para a busca de si mesma.

Ressalto como é importante ter um olhar cuidadoso, um olhar empático para com a mãe para que ela possa ajudar seu filho a se tornar seguro, relaxado e tranquilo.

COMO TRABALHAR COM PAIS E MÃES

...os bebês têm necessidade de leite. Mas muito mais de ser amado e receber carinho.[3]

Considerando todos esses aspectos, sob a minha perspectiva, é importante realizar as sessões inicialmente com o pai, com a mãe/ cuidadores, para que possam, antes de apreenderem a massagem, ser ajudados a organizar a nova rotina com o recém-nascido, a nova rotina familiar.

Muitas vezes os pais acham que é importante trazer o bebê para aprender a massagem. Não!!! A massagem é ensinada com um boneco, e os pais aprendem fazendo os movimentos no boneco para depois fazerem no seu bebê. Primeiramente, acolhem-se os pais, prepara-se o nicho sensorial para que seja possível compreender a dinâmica e a rotina do casal. Tem início a orientação para que possam organizar a nova rotina estabelecida pela chegada da criança e desenvolver as habilidades necessárias para as funções de pai e mãe, evitando, assim, a terceirização. São orientados para planejar e estruturar o momento para fazer a massagem, como o horário adequado, o ambiente aquecido e com luminosidade apropriada, deixando o bebê calmo e tranquilo.

Como diz Cyrulnik (2020), agindo sobre a mãe, sobre o meio, a mãe, por sua vez, vai agir no bebê. Quando a mãe é cuidada pelo marido, pelos familiares, se houver alguma situação inadequada, ela terá condições psicológicas para cuidar da sua criança.

Na minha experiência com mães parturientes e puérperas, observo que, se elas estiverem tranquilas, o bebê irá ficar tranquilo. Se elas estiverem estressadas, alteradas, os bebês estarão estressados.

CONSIDERAÇÕES SOBRE A MASSAGEM

Toda arte tem uma técnica que precisa ser aprendida e dominada.[4]

A SHANTALA é a massagem que há quase 4 décadas venho ensinando aos pais, mães/cuidadores, como meio para promover uma relação harmoniosa e amorosa com o bebê, além do apego seguro e do desenvolvimento da resiliência.

SHANTALA é nome dado à técnica de massagem para

bebês por Frédérick Leboyer, em homenagem à mulher hindu que ele conheceu em Kérala, na Índia, em um abrigo, e lhe apresentou essa arte tradicional e milenar.

A SHANTALA deve ser praticada exclusivamente pelos pais ou substitutos.

A massagem tem início em um ambiente tranquilo, silencioso, quentinho, aconchegante, com luminosidade leve, agradável. Pode ser realizada, no verão, ao ar livre. No inverno, orientamos realizá-la em um quarto aquecido. Não deve ser realizada após as mamadas. Utilizamos óleo de amêndoa ou camomila para que as mãos deslizem suavemente no corpinho do bebê.

É suficiente que a mãe e o pai segurem o bebê percorrendo inicialmente seu corpo, sentindo o contato. Não devem tocar a barriga enquanto o umbigo não cair e o rostinho antes de o bebê completar um mês.

Essa massagem deve ser realizada durante os quatro primeiros meses de vida do bebê, mas nada impede que a massagem continue por mais tempo.

Quanto tempo é necessário para realizar a massagem?

Logo após o nascimento, em bebês com apenas alguns dias, a massagem é realizada como carícia, dificilmente dura mais que alguns minutos.

Pouco a pouco, o tempo é "determinado" pela massagem e vai se prolongando à medida que o bebê cresce e que sua mãe/pai se tornam mais experientes. Geralmente, com um mês, a massagem leva de 20 a 30 minutos.

As suas mãos são hábeis, inteligentes,
atentas e sensíveis.
Seguem um ritmo próprio, discreto e inevitável,
A massagem torna-se uma dança.[5]

A massagem é seguida de um banho, que não se constitui como uma forma de limpeza, mas tem a função de um complemento para efeito de relaxamento profundo.

Para Leboyer, a água atua como um arremate, eliminando algumas tensões não resolvidas.

Para se educar uma criança o tempo é fundamental, para se descobrir a arte é necessário tempo.[6]

O bebê irá sentir o movimento da mãe/pai, sua voz, suas expressões, seu cheiro, seu sorriso, seu olhar, a batida do seu coração, o seu toque. A energia que flui entre o bebê e a mãe/pai é suave, livre de brutalidade, de violência, de agressividade.

Os dias passam, e a massagem vai tomando forma. Os pais são "guiados" pelas reações do bebê. Leboyer poeticamente pergunta quem precisava da massagem? O bebê? A mãe? Os pais?

Para isso basta estar aberta e atenta: você é de certo modo um instrumento.[7]

Finalizando este artigo, não poderia deixar de agradecer aos pais que há três décadas proporcionaram meu encontro com Leboyer, com essa arte tão linda, tão profunda e tão necessária na relação pai-mãe-bebês e com sua poesia que tanto me encantou.

Não se esqueça: o bebê é um espelho, ele devolve a você a sua imagem,
A imagem da sua liberdade,
Ou de suas tensões.
Para libertar o outro é necessário ser livre você mesma....
Não podemos dar o que não temos.
Libertar o quê
Essa força que está adormecida no corpo do bebê.
Essa força pronta para despertar, florescer, fluir,
Que se chama vida,
E que se torna cada vez mais forte, mais rica em você
À medida que você a dá.[8]

REFERÊNCIAS

ARAUJO, C. A. *O círculo familiar na prática clínica. Infância e diferenciação da consciência.* Palestra realizada na PUC-SP, 2017.

ARAUJO, C. A. Psicologia analítica. IN: ASSUMPÇÃO FB, KUCZYNSKI E. *Tratado de psiquiatria da infância e da adolescência.* 2. ed. São Paulo: Atheneu, 2012.

ASSUMPÇÃO Jr., F. B. *Como criar crianças saudáveis,* 1 ed. Rio de Janeiro: Atheneu, 2019.

BOWLBY, J. *Apego: a natureza do vínculo.* Trilogia apego e perda. Vol. 1. 3 ed. São Paulo: Marins Fontes, 2002.

BONINI, L. MAIA, D. (orgs.) *Pais!!! Onde foi que acertei? Uma conversa entre psicólogas e pais.* Vol. 1. São Paulo: Sattva, 2019.

CYRULNIK, B. *Pandemia y resiliência.* Áudio organizado pela Red Pikler Nuestra América, 2020.

LEBOYER, F. *Shantala, art traditionnel le massage des enfants***.** Paris: Seuil, 1976.

MONTAGU, A. *Tocar: o significado humano da pele.* 3. ed. São Paulo: Summus, 1988.

SHORE, A. N. *Affect dysregulation and the disordes of the self.* New York: Norton, 2003.

STERN, D.A. *A constelação da maternidade: o panorama da psicoterapia pais/bebês.* Porto Alegre: Artes Médicas, 1997.

WILKINSON, M. *Changing minds in therapy. Emotion, attachment, trauma & neurobiology*. New York: Norton, 2010.

CAPÍTULO 3

ANSIEDADE PARENTAL: a necessidade de um cuidadoso olhar

DENISE MAIA

> *Na busca de sobrevivência os seres humanos são capazes de se tornarem resilientes, construindo um espaço interno seguro onde se sintam invulneráveis, mesmo que o mundo externo permaneça ameaçador. Isto vai sendo construído a princípio, pelo diálogo do olhar com os pais ou cuidadores que são suportes imprescindíveis na regulação da emoção amorosa com seus filhos* (Grunspun).

O estado emocional da gestante se altera ainda mais próximo ao momento do parto. Há insegurança em muitas situações, ao mesmo tempo em que o pai pode se sentir à margem do processo, visto que todas as atenções estão voltadas para o bebê que ainda não nasceu.

Decisões tomadas com cuidado, e em conjunto, trazem maior confiança e possibilitam um estreitamento no vínculo mãe/pai/bebê, minimizando a ansiedade e proporcionando condições para uma chegada em casa com mais serenidade e maior acolhida.

Escuta e observação são fundamentais para que os pais descubram na relação com o bebê, quais necessidades ele tem e como dele cuidar.

Como distinguir o choro de fome, vontade de colo ou cólica? Com serenidade a mãe poderá entender e atender ao pedido de seu bebê. A ansiedade desde o nascimento está presente em certo grau e poderíamos dizer que é inevitável. O trauma físico do nascimento, a sensação de fome e a expectativa em satisfazê-lo, trazem uma constante dose de inquietação.

Há situações novas e desconcertantes, a mãe está sob efeito de períodos sensíveis onde enfrenta decisões, dúvidas e inseguranças, pela própria inexperiência... a informação, a acolhida e a escuta, ajudam a diminuir o medo e a angústia.

As necessidades de cada solicitação, aprimorando a percepção e possibilitando a decodificação dos sinais do bebê, vão diminuindo a aflição e assim aumentando a tranquilidade.

O que conta não é a mãe saber tudo ou saber imediatamente de que seu bebê está precisando, mas a disponibilidade e atenção em observar e estar junto para compreendê-lo - mães ansiosas acabam afetando o comportamento de seus filhos.

A função paterna também envolve o suporte emocional necessário à mãe, dando-lhe apoio e confiança para o exercício da maternidade, que muito influenciará o equilíbrio emocional do bebê.

Sabemos hoje da importância, desde a vida intrauterina, das emoções fortes vivenciadas pela mãe e que afetam diretamente o recém-nascido, bem como no pós-parto, momentos de grande delicadeza e dedicação, repleto de dúvidas, apreensões e dificuldades naturais, que precisam ser acolhidas para que a segurança se construa nesta nova relação. Há nesta experiência uma afinidade psíquica - o bebê compreende as intenções da mãe e, se ela consegue ter uma relação empática com ele, começa a ser construída uma base de afeto segura na regulação emocional do bebê.

Vivemos um cenário de tantas solicitações, cobranças e exigências em vários âmbitos, que os pais se veem ansiosos e angustiados para preparar seus filhos para ser, ter e fazer, de tal forma que quando adultos, respondendo no futuro às expectativas e demandas, possam se tornar pessoas realizadas. O desejo dos pais é de criar filhos saudáveis e felizes, oferecendo-lhes possibilidades para que se desenvolvam plenamente.

Com todos os recursos e estímulos existentes hoje, o olhar, o toque, a presença são ainda e sempre serão fontes primárias e primordiais, solo afetivo na construção e constituição da personalidade dos filhos, preparando-os para estarem no mundo.

Pensando em cuidar e oferecer o melhor para as crianças, os pais antecipam situações sem olhar, escutar e acompanhar as características individuais do filho, sem entender os estímulos necessários que poderiam contribuir para o processo da criança se tornar cada vez mais ela mesma.

Na tentativa de acertar, acolher e promover recursos, confusões, incompreensões e má orientação levam os pais a intervenções inadequadas, precipitando situações e muitas vezes deixando de oferecer sua escuta e amorosa presença.

O olhar para as necessidades da criança, a busca de orientação profissional adequada, pode ajudá-los a refletir, a compreender e a conduzir, como cuidadores, suas angústias e inquietações, respeitando e entendendo as necessidades de cada fase, sem antecipar etapas.

Em minha prática clínica recebo pais de crianças, muitas vezes ainda pequenas, preocupados em que escola devem colocar o filho para que possa entrar em boas faculdades... e a oferta é tão grande de escolas brasileiras, bilíngues, internacionais, o que traz ainda mais dúvidas.

O que é esperado para cada idade? Quais as reais necessidades de uma criança de 4, 5 anos em termos de instituições educacionais?

A criança mais agitada e intolerante, o que está dizendo a partir destes sintomas? Seria hiperativa?

Tem distúrbios de atenção? Déficit no processamento auditivo central?

E ainda aquela que apresenta dificuldades em lidar com frustração e limites, numa postura birrenta e desafiadora?

São muitas as dúvidas e inquietações - são muitos rótulos, testes e possíveis medicações que parecem cuidar e encaminhar as crianças.

Ao se desejar resolver dúvidas atropeladamente, deixa-se de naturalmente viver e acompanhar cada momento na vida do filho... escuta, afeto, cuidado, brincadeira... a presença amorosa que observa e orienta.

Um cuidado que deveria permear as relações pais e filhos é a atenção dos primeiros em acolher e observar como os filhos se mostram, entendendo como eles realmente são.

Observo que, ao olharem para o filho com características já definidas aos 4 anos de idade, não oferecem possibilidades diferentes ou novos estímulos. Há situações em que o pai se afasta por não querer cercear os desejos do filho, ao mesmo tempo em que não sabe lidar com um "código" para ele estranho. Não são oferecidas outras possibilidades e referências, permitindo-lhe vivenciar novas formas.

O pai que se afasta, por não conseguir lidar com o filho, não o legitima, não o espelha nem lhe dá referências...

A presença dos pais, o contato, a escuta, a brincadeira e a vivência com o universo masculino são a matéria prima no processo de formação da pessoa que seu filho vai se tornando.

A dinâmica patriarcal ausente não oferece a diferenciação dos filhos, ao contrário, intensifica a presença materna em seus atributos femininos e na infantilização e imaturidade dos mesmos. Falta o olhar que espelha, confirma e reconhece...

É através do outro, no caso o pai, que a natureza do filho se revela...

Segundo Ceres Araújo, "a sabedoria do papel de pai está em transmitir os valores ao filho e deixar que ele escolha o melhor para si com base nas próprias experiências - esta é uma base importante na formação da criança em se tornar quem ela é".

Pelo receio de parecer dirigir a escolha da criança, os pais deixam de dar referências importantes.

Segundo Francisco Assumpção Junior, psicólogo e psiquiatra infantil:

> *Ser tolerante e compreensivo com as características que eventualmente o filho apresente é diferente de considerá-lo capaz de avaliar as consequências de suas decisões - ele precisa ser esclarecido e apoiado. Os valores da casa, da família e da cultura que fazem sentido para os pais, devem ser estimulados... os pais não*

podem avaliar a criança como um adulto, segundo suas angústias e anseios. As questões da criança a maior parte das vezes são cotidianas e concretas e pedem para ser encaradas, respondidas e orientadas, como tal.

A criança está na fase de desenvolver a autoestima, de perceber e respeitar regras e de ser auxiliado a se tornar autônomo. Ela vai amadurecendo, a partir das referências e atitudes dos pais sem ainda ter capacidade de decidir e escolher grandes coisas.

Os pais se cobram tanto com relação à criação e à educação das crianças, que muitas vezes são incapazes de enxergar com clareza as necessidades de seu filho.

Para que a independência da criança se concretize, a mãe precisa diminuir seu poder protetor sobre o filho e permitir que ele se aproxime do pai, cujo papel é estimular o interesse pela novidade e conduzir o filho para o mundo. A criança é um vir a ser, uma personalidade em construção... está nela seu daimon, sua semente que conduz o seu caminhar. Mas os estímulos que lhe são oferecidos, o meio no qual está inserida, interferem e complementam, dando forma à pessoa na qual ela vai se constituindo. É importante que os pais contribuam para que seu filho cresça bem: escuta, presença, aspectos lúdicos e muita conversa..., processo natural na vida de uma criança, promovendo possibilidades, orientando e dando limites, além de mostrar consequências.

Os pais dão referências mostrando como são e falando também sobre a criança que foram no passado e que está atualizada na relação com os filhos. Como é possível, a partir de uma mudança de atitude e uma diferente compreensão, os pais ajudarem a criança a experimentar outros estímulos e formas para que também ela possa se ver de maneiras diferentes?

Devemos nos lembrar de que o olhar dos pais sobre a criança afeta e influencia a maneira como ela se vê.

Em "A poética da infância", os autores Severino e Kátia escreveram:

> *Entre tantas vozes e sujeitos,*
> *a criança precisa à sua medida*
> *ir construindo sua própria voz...*

Ela vai se desenvolvendo e tendo sua concepção do mundo que a cerca.... descobrindo o que dizer, e precisando de diálogo, de escuta e de um cuidadoso olhar...

A empatia dos pais e cuidadores é fundamental na relação com esta criança, na escuta de sua voz, no acolhimento de suas dores e de seus sonhos, cultivando seus desejos de aprendizagem e de vida.

REFERÊNCIAS

ARAUJO, C. A. *Pais que educam* São Paulo: Gente, 2005.

ASSUMPÇÃO, Jr. F. B. *Como criar crianças saudáveis*. São Paulo: Atheneu, 2006.

GERHARDT, S. *Por que o amor é importante: como o afeto molda o cérebro do bebê*. São Paulo: Artmed.

GRUSPUN, H. *Criando filhos vitoriosos: quando e como promover a resiliência*. São Paulo: Atheneu, 2006.

CAPÍTULO 4

AS CICATRIZES OCULTAS GERADAS PELOS ABUSOS PSICOLÓGICOS NA INFÂNCIA E NA ADOLESCÊNCIA

RENATA WHITAKER

O bom exemplo é o melhor método de ensino. Por mais perfeito que seja um bom método, de nada adiantará, se a pessoa que o executa não se encontrar acima dele em virtude do valor de sua personalidade (JUNG, p.60 § 107a).

Os pais exercem muita influência na vida emocional de seus filhos, e isto gera inúmeras consequências até a idade adulta, o que explica a importância de compreendermos, elaborarmos e integrarmos as nossas vivências infantis: atitudes, anseios, relações de apego, estruturas de personalidade, ambiente e heranças psicológicas.

As experiências abusivas e difíceis passadas na infância, quando não conscientizadas e integradas, repetem-se na vida do adulto como uma atualização da dor vivida, gerando muito sofrimento, muitas vezes sem que o indivíduo se aperceba da causa de sua perturbação.

As cicatrizes ocultas transparecem na expressão psíquica e nos sintomas que o indivíduo apresenta, nas relações que estabelece na vida e no ambiente em que está inserido, assim perpetuando a dor ao longo da vida.

Para que as memórias difíceis não continuem a ser reatualizadas, é necessário passar por um processo de autoconhecimento, a fim de se identificarem e reconhecerem os valores, os fatos, as dores sofridas, os aspectos sombrios. Ainda que tudo isso seja um desafio, trata-se de etapas importantes para o processo de ressignificação dos eventos traumáticos da infância.

É fundamental que o indivíduo consiga se colocar diante dessas vivências que o perturbam sem as julgar, tampouco tentar justificá-las de maneira racional, para não haver um aprisionamento nos condicionamentos e códigos morais.

Imaginar a atitude que gostaríamos de ter tomado em cada circunstância sofrida contribui para drenar a carga afetiva, as dores e as vivências difíceis contidas na situação. Esta ação pode se revelar uma atitude eficaz para a sua integração, o que contribuirá para o desenvolvimento de adultos maduros, fiéis a si mesmos, à sua essência, dotados de amor-próprio e de potencial para verdadeiramente enxergarem, aceitarem e amarem o outro, tal como é.

Educar é bem mais complicado do que parece... Dizer o que precisa ser feito, não é suficiente. Repetições e sermões não levam a lugar algum. Porém, os pais criticam os filhos por aquilo que fazem, ou deixam de fazer, como não organizar gavetas e mochilas bagunçadas, arrumando-as enquanto os censuram, ao invés de solicitar que desempenhem os deveres que lhes cabem. Indiferentes à repreensão, os jovens continuam ouvindo música, olhando o celular, jogando videogame...

Embora a relação entre pais e filhos seja sempre pautada em troca, este falar e reclamar incessante faz com que os pais não entrem em contato com a própria raiva, medo e insegurança, e remete-nos à constatação de que nesta dinâmica um não enxerga o outro verdadeiramente, embora todos gostariam de construir uma relação estruturada afetiva e comunicativa.

Os pais acreditam que precisam ensinar os filhos, pois são mais velhos, viveram mais, portanto possuem o conhecimento do que é bom e do que não é, para eles. Estão sempre qualificando-os como bons ou ruins, obedientes ou desobedientes, fáceis ou difíceis. Porém, os filhos também têm muito a ensinar aos pais, se estes estiverem abertos e dispostos a se encantar com eles e a não rotulá-los ou criar expectativas que podem nunca ser concretizadas.

A função dos pais é acompanhar os filhos, para que eles se desenvolvam e se tornem indivíduos indivisíveis, com personalidade própria. Mas para que isso seja possível, precisam se permitir enxergá-los, respeitá-los e aceitá-los como verdadeiramente são, sem preconceitos e pretensões, pois, como diz o provérbio popular: "o inferno está cheio de boas intenções".

Se, por ocasião do nascimento de um filho, os pais já estivessem prontos e sabedores de tudo que precisariam fazer para torná-lo uma "boa" pessoa, não se desenvolveriam nem aprenderiam como indivíduos. Se assim fosse, jamais conseguiriam preparar seus filhos para o futuro, pois ainda permaneceriam presos ao passado, repetindo velhos padrões recebidos, como: "Sou mais velha do que você, portanto sei o que é melhor"; "Enquanto você está indo, já estou voltando com o bolo pronto"; "Já disse mil vezes para você fazer de tal maneira"...

Quando estas sentenças são ditas, os pais estão no modo "piloto automático", apenas repetindo frases escutadas, diversas vezes, por seus ancestrais. São condicionamentos que precisamos transformar se quisermos melhorar a relação com nossos filhos e construir uma educação respeitosa e amorosa.

Os condicionamentos surgem porque aprendemos por imitação, como espelhos eternamente refletindo imagens, sem poder (re)criá-las. Mas quando os pais criticam, ou riem das tentativas criativas das crianças, estão gerando inibições, constrangimento e insegurança. Da mesma forma, ao fazerem pelas crianças o que estas já têm autonomia para fazer, estão contribuindo para a formação de adultos dependentes e inseguros.

A criança pequena, ainda sem vocabulário, observa atentamente o mundo e quem a rodeia. Portanto, o olhar, as expressões visuais e faciais, os gestos, o tom de voz geram muito impacto emocional na criança, que depois os imita. Estas reações formam a estrutura básica da personalidade da criança, e é interessante observar que muitas pessoas não têm consciência de suas expressões faciais, o que gera muitos desentendimentos nas relações familiares e sociais.

Vida é movimento e transformação, excesso de segurança, paralisação. A educação muitas vezes imobiliza, exige que a criança aja de determinada maneira tida como "correta": são as "boas maneiras" que aprisionam. Vemos como pais autoritários tolhem a liberdade de seus filhos, limitando suas ações e consequentemente sua capacidade de experimentar e experienciar a vida, formando assim pessoas destituídas de expressão e de originalidade.

Na nossa sociedade não é dado o devido valor para o desenvolvimento dos esforços do ser humano com relação às experiências motoras da dança, da música, da arte. As atividades de movimento ocupam dois terços do nosso cérebro, aumentam o fluxo sanguíneo e geram novas conexões, portanto são importantíssimas para o desenvolvimento cognitivo, para a memória e, consequentemente, para a aprendizagem.

O cérebro coloca muitas de suas capacidades e competências em ação quando se defronta com obstáculos. Vemos crianças e jovens ficarem horas diante da televisão, ou das telas de computadores e celulares, nas redes sociais, assistindo ao que gostariam de ser e que muitas pessoas postam que estão vivendo, sem realmente estarem. Poucas são as famílias que organizam visitas a museus, levam as crianças para brincarem nos parques, proporcionando-lhes o desfrute da natureza e o prazer de se movimentarem livremente.

O movimento também é estruturante para o desenvolvimento saudável da personalidade. Hoje em dia, muitas crianças, por medo dos pais, ou porque estes trabalham muito, ficam confinadas em casa, o que prejudica sua capacidade de promover relações sociais saudáveis e compromete potencialmente seu desenvolvimento psicomotor. As consequências estendem-se à geração de crianças, e posteriormente adultos, com pouca flexibilidade de pensamento, reduzida capacidade para conectar ideias, perda da memória, portanto com pouca capacidade criativa. Tornam-se seres assustados, inferiorizados, tristes, ansiosos, medrosos e com receio de se arriscarem a conhecer e experimentar o novo, tal como ocorre com os animais criados em cativeiro.

A personalidade das crianças vai gradativamente se modelando e refletindo o ambiente no qual estão inseridas. Assim, ao se sentirem como um objeto que faz parte do mobiliário da casa, ignoradas, perdem a oportunidade de desenvolver individualidade e autonomia. São máscaras que se movem, não reconhecem quem realmente são. Sofrem porque sua vida é dirigida à força pela família. Estas crianças sentem que só haverá lugar para elas se preencherem as condições impostas pelos outros.

Pais hiperprotetores, cheios de medos e de boas intenções, criam a criança numa redoma e, desse modo, não lhe permitem a interação no e com o mundo. Sempre tudo que for feito para os filhos, e que vai além do que é preciso, implicará um alto custo para ambas as partes. A criança sentirá como se tivesse perdido seu lugar, não consegue se ver no mundo e, consequentemente, não define seu espaço sociocultural. Isso pode ser sentido também na velhice, quando, por ocasião da aposentadoria, um indivíduo perde seu espaço na sociedade, o que gera adoecimento.

Para que as crianças se tornem adultos desenvoltos, criativos, hábeis, com flexibilidade de pensamento, "jogo de cintura" e poder de decisão, é importante que os pais permitam que elas corram riscos; que, ao se machucarem, saibam que serão acolhidas por seus cuidadores, e não criticadas ou intimidadas pelos temores dos adultos. Cair e levantar são verbos que fazem parte da vida, como nos diz o ditado popular: "Só fracassa quem tenta". E o fracasso precisa ser vivenciado, pois através de sua superação teremos a oportunidade de desenvolver nossa força e capacidade criativa.

Permitir uma certa dose de agressividade nas brincadeiras das crianças, nas brigas de amigos, irmãos, é bom para a vida, se os pais não quiserem tornar seus filhos adultos submissos e conformados. Muitos pais não sabem o que fazer com a própria agressividade e brigam, discutem entre si, querendo impor a sua verdade ao outro. Agredindo-se mutuamente, ou por meio de ironia, olham-se de forma opressora, o que acua e aterroriza uma criança, a qual precisa aprender a lutar, a desenvolver uma agressividade saudável, não repressora e violenta, para um dia conquistar o seu espaço na vida.

Na família, a criança precisa saber que pode haver brigas e discussões e que tudo isso faz parte da vida. Porém, limites são indispensáveis, para não ocorrerem agressões físicas ou emocionais violentas. Como poderia haver famílias sem desentendimentos e discussões? Isso é uma utopia. Quando várias pessoas dividem o mesmo espaço, criam expectativas e exigências em relação às outras, cobram-se mutuamente, o que torna discussões, sentimentos de raiva e frustração inevitáveis. O importante é que se chegue a acordos e que cada um possa olhar a própria sombra e integrá-la, e não somente fique projetando, vendo e apontando a alheia, fazendo julgamentos e acusações.

O ser humano possui agressividade para poder mudar e transformar o rumo das coisas, mas o que vemos em muitas famílias são brigas constantes, que se repetem pelos mesmos motivos. Se não houver mudanças, se novos entendimentos não sobrevierem, apenas se repete a expressão da raiva, sem qualquer resolução que gere mudança de patamar e consequente transformação. Briga-se somente para o alívio de tensão, para depois acumular energia novamente até a próxima explosão, num processo de atuação teatral interminável e estéril.

Claro que é importante existir a hierarquia e o respeito na família, mas não se deve querer extinguir a raiva a qualquer custo, pois é um sentimento importante, que coloca limites e impulsiona a pessoa para que haja uma transformação, portanto os pais devem permitir que a criança a expresse, porém de forma positiva e efetiva. As crianças assumem, muitas vezes, a raiva não integrada de um dos pais, ou de ambos, ao expressarem conteúdos reprimidos que os pais não se permitiram manifestar, ou que acham que estão conseguindo disfarçar. Portanto, a agressividade infantil é, muitas vezes, um reflexo desse ímpeto nos pais.

A criança pode sentir um dos pais assoberbado, preocupado, e, como não sabe quando ocorrerá a explosão, provoca, irrita, exige atenção, até que o adulto reage gritando, batendo, ou insultando a criança, ou o adolescente, que neste momento se torna indefeso. Após este transbordamento de sentimento, ambos se acalmam, pois tudo se apazigua até a próxima briga, e assim o ciclo eterno continua, sem nenhuma transformação. A agressividade positiva e efetiva é aquela que gera transformação, se isso não acontecer, trata-se de uma atuação que continuará se repetindo, fazendo mal ao ambiente familiar e aos seus membros.

Quando somos capazes de perceber e integrar a nossa agressividade, a nossa raiva - da qual em geral não temos consciência, uma vez que se encontra na nossa sombra - ao aceitá-la tornamo-nos corajosos e capazes de ser firmes, de decidir e realizar. Embora a agressividade faça parte do ser humano, a deificação do conceito de família é incompatível com o sentimento de raiva; e quando um sentimento é negado e reprimido, ao ser extravasado, por conter grande carga afetiva, manifesta-se da pior maneira.

Assim, para educar bem, é necessário desenvolver a aptidão para lidar com a própria raiva. Ao conseguirem integrar satisfatoriamente a sua agressividade, os pais saberão definir limites para os filhos com maior clareza e sem gerar medo, mostrando sua autoridade sem exercer autoritarismo.

A figura de autoridade que quer se impor sem levar em consideração os limites e as vontades do outro está sendo autoritária e, com isso, estimulando na criança e no jovem o desenvolvimento de recursos como a mentira e a omissão.

Para que se estabeleçam relações verdadeiras e saudáveis, é imprescindível o diálogo, a comunicação clara e sincera. Para realmente haver uma boa comunicação, as pessoas precisam estar atentas umas às outras, percebendo as expressões faciais, os olhares e os gestos.

Enquanto uma pessoa fala, a outra deve escutar e procurar não pensar, para realmente ouvir o que a outra está dizendo. Porém, geralmente o interlocutor, ao invés de simplesmente escutar, logo começa a elaborar uma resposta ou argumento, o que impede a formação de diálogo. É importante que os pais ouçam seus filhos, sejam "curiosos", interessados em suas vidas, contem para as crianças seus erros e acertos, falem de seus sentimentos e as escutem verdadeiramente. Isso não quer dizer repartir com elas coisas pertinentes aos adultos, mas sim dialogar com elas para que se sintam acolhidas, importantes, valorizadas.

Os pais podem ser leais aos filhos em relação a seus sentimentos, mesmo os negativos, pois a criança, com sua sensibilidade inata, captará as expressões dos pais. A criança pequena, por ser egocentrada, sofre ao perceber falta de sinceridade nos pais, mesmo quando estes mentem para esconder ou suavizar uma situação negativa, pois ela toma isso como sua responsabilidade e culpa-se por não conseguir fazer algo que atenue o que os seus cuidadores sentem.

Expressar seus sentimentos aos filhos é importante e deve ser feito de forma breve e direta, sem complexidade. A intenção é somente confirmar para a criança o que ela já está percebendo: "Estou triste", "Estou com medo", ou "Você agiu de tal maneira e me deixou chateada".

Os pais que desabafam com os filhos, depositando na criança sua tensão e angústia, geram muito sofrimento desnecessário, deixando-as despreparadas para lidar com os obstáculos que terão que enfrentar no futuro, visto que os exemplos que receberam em casa não foram estruturantes. E como aprendemos aquilo que vivenciamos e experimentamos na nossa vida, a personalidade poderá ficar frágil e sem bases importantes para um desenvolvimento saudável.

Quando os pais colocam as próprias vivências e não escutam as dos filhos, não dialogam, falam o que pensam sem nenhuma crítica, fazem interrogatórios, generalizam informações, tais como “Todo homem engana”, “Toda mulher é fofoqueira”. Suas promessas, ameaças, sermões, gritos, intimidação, caras feias, insinuações, são meios para controlar o comportamento da criança ou do jovem, roubando-lhe autonomia, gerando desconfiança, insegurança, medos, indecisões, preconceitos, raiva, insensibilidade, falta de responsabilidade perante a vida e os relacionamentos futuros. Poder confiar é extremamente importante para uma criança se desenvolver saudavelmente e, no futuro, assumir o que faz e saber o que deseja e sente.

A força consciente de uma pessoa, da sua estrutura de personalidade, depende da experiência de confiança que desenvolveu na primeira infância. A criança que não confia nos pais acaba não confiando em si própria, assume uma postura amedrontada, necessita proteger-se de tudo, não confia nem um pouco na vida. Quanto menos ela tiver a presença do outro, o sentimento de pertencimento, menos condição terá de transpor obstáculos e achar formas adequadas de superá-los na vida adulta. A dificuldade está relacionada à impossibilidade que ela sentiu em ser reconhecida por aquilo que é em essência, com suas qualidades construtivas e negativas. Quem não teve na infância a experiência de confiança para sobreviver, precisará desenvolver papéis, funções, colocar máscaras, para se sentir aceito nas relações que estabelecer e nos ambientes pelos quais passar.

Quanto mais a pessoa vive a falta de confiança em si mesma, mais ela sente medo do processo de autoconhecimento, pois com tantas máscaras que precisa usar já não se reconhece mais, portanto teme e sente o processo de autoconhecimento como um caminho de desconstrução, não percebe que o colapso já ocorreu e a única saída é retirar as máscaras.

Como a criança ainda está se constituindo, e suas defesas ainda não estão estruturadas, se os responsáveis por ela cooperarem e tiverem paciência com o processo de ganho de segurança em relação a si mesmo, este poderá se constituir mais fácil e rapidamente.

No adulto vemos estes casos de falta de autoconfiança se manifestarem por meio de sintomas como pânico de colapsar, medo de morrer, de não dar conta do trabalho, sentimentos paranoicos, precisar estar sempre se defendendo e pensando em como se proteger dos outros e do ambiente, exaustão crônica, perda de alma (= desânimo), uma sensação de falta de energia e de esvaziamento.

Outro sinal de fragilidade na estruturação da personalidade é o isolamento, o fechamento em si por temer o mundo e ser machucado: a criança amedrontada se retira de um mundo que é visto como ameaçador. É uma tentativa de proteger a sua essência, o seu tesouro interior, o Si-mesmo, que ainda não tem as condições necessárias para se manifestar. Esta fuga da vida no mundo real e subsequente refúgio no mundo da fantasia pode conduzir ao desenvolvimento de encapsulamento num mundo particular - uma psicose - se não lhe forem proporcionados meios de superação e cura.

O ego inseguro e amedrontado pode também apresentar uma compulsão à atividade: a ocupação ininterrupta, para evitar entrar em contato com a dor e o medo que a fragilidade e a falta de confiança geram.

Quando os pais fazem ameaças, batem em seus filhos, fazem promessas e não as cumprem, na verdade dão indícios de que não estão sendo capazes de assumir a sua autoridade por estarem tão ou mais regredidos que a criança. Os filhos necessitam acreditar nos pais, e para isso estes precisam ser coerentes com o que dizem e expressam. Ao agirem desta forma, quando a criança cometer um erro, eles continuarão inteiros, não colapsando, ou tendo surtos de gritos, choro, ou chantagem.

Os filhos têm a sua própria personalidade, suas vontades e desejos, e não pertencem aos pais, mas à vida, nem sempre sendo aquilo que seus progenitores gostariam que fossem.

Jung afirma que a maior tarefa na vida do ser humano é tornar-se consciente. Porém, desenvolver a consciência torna-se uma tarefa sobre-humana para alguém que desenvolveu inúmeros traumas desde tenra idade.

A sociedade dita-nos que precisamos ser sérios se quisermos inspirar confiança, quando a alegria e o riso são o sentimento e a expressão mais curativos e fundamentais na vida. A criança tem o impulso inato de rir de si própria. Ela não critica, portanto não culpa e não guarda ressentimentos, mas o conceito de educação criado por nossa cultura suprime, aos poucos, a sua alegria, o seu riso espontâneo, como se essa atitude fosse inadequada. Não se trata aqui de rir do outro, humilhar o outro, mas sim rir de alegria, de surpresa, de si, do que realmente tem graça, de ver as coisas sob a perspectiva da criatividade e da liberdade.

A criança é autêntica por natureza e o adulto acha graça disso, porém muitas vezes assume uma atitude de superioridade, zombeteira, expondo e ridicularizando a criança, pedindo-lhe constantemente que repita o comportamento ou discurso que geram o riso, para serem alvo de diversão. Tais atitudes geram graves bloqueios na expressão de sentimentos e criatividade. A criança percebe muito bem essas atitudes do adulto e não sabe como defender-se.

Ao nascer, ao ser tomado nos braços, pelo tom da voz e pelo toque, um bebê já percebe e sente confiança, ou não, naquele colo que está recebendo, fatos determinantes para seu posterior sentimento de pertencimento e sua sociabilidade ao longo da vida.

Quando permitimos que a criança olhe, verbalize, expresse-se com liberdade, estaremos dando espaço para que ela desenvolva percepções e sensações novas, o que atuará diretamente no seu processo de desenvolvimento atencional e na sua acuidade para buscar no ambiente o que necessita, é relevante e lhe interessa, e que pode estar logo ali, ao seu alcance.

A criança aprende por imitação, portanto por um processo de observação, porém quando ela é privada dessa atenção espontânea, livre e voluntária, perde o seu norte, a sua direção, já não sabe mais o que quer ou no que tem interesse, apresenta dificuldade em se focar, em prestar atenção. Quantos adultos conhecemos assim? Não conseguem se concentrar em nada, estão sempre dispersivos, à deriva. Imaginem um animal pequeno que nasce em uma floresta e o que lhe acontecerá se perder a sua atenção nos odores, ruídos, no que vê?

Como ficarão as crianças cujos pais são impacientes e querem tudo do seu jeito e no seu tempo? Cujos olhares estão fixos nos dispositivos eletrônicos, esquecidos de que têm a seu cargo a formação de futuros adultos equilibrados? E as crianças que precisam "se acostumar" com os barulhos, que não são respeitadas quando estão realizando algo e que simplesmente são levadas de um lado para o outro, instadas a obedecer sem questionar?

A criança é tão invadida em sua atenção e em seus interesses que depois, quando cresce, não sabe mais que caminho tomar, o que verdadeiramente lhe interessa, ao que necessita realmente ater-se, em que apoiar-se, colocar foco. Este é um poder de ação aparentemente sutil que os adultos podem exercer sobre a criança, de maneira quase imperceptível, sem o uso da força ou da imposição, porém minando, modificando e comprometendo seu pensamento e comportamento, causando um grande mal.

A atenção se perde, fica emaranhada nessas atitudes dos pais e da escola, em assuntos pelos quais as crianças e os adolescentes não sentem o menor interesse, e que, com o tempo, geram a perda da capacidade de auto-observação, de ficar sem fazer nada, de permanecer em silêncio, apenas sentindo e percebendo. Saem do próprio caminho, tornam-se desatentas, distraídas, passam a trair a si próprias.

Não se trata de deixar a criança fazer o que quer, mas sim respeitá-la quando estiver concentrada em algo, mostrar interesse, aproximar-se, interagir com ela, fazer observações e acolhê-la. É mais fácil prestar atenção quando o assunto trata de algo que nos motiva, pelo qual sentimos interesse.

Na nossa cultura, a dissociação entre o trabalho e as horas de lazer é muito comum. Nas horas de lazer podemos fazer o que quisermos, temos liberdade de usar nossa imaginação, enquanto que nas horas de trabalho vendemos nossa atenção. Isto é incutido nas crianças desde cedo, para que elas deem valor para as coisas e objetos. O esforço e a atenção dispendida para a execução de um trabalho são recompensados, após sua realização, em dinheiro, o que confere poder social ao indivíduo. Portanto, na sociedade em que vivemos é importante perceber a relação entre trabalho, dinheiro, desejos e vontades satisfeitos.

A educação financeira torna-se muito importante, uma questão de sobrevivência. Quando a criança faz algo na casa que é para si, ou divide tarefas que beneficiam a todos, isso faz parte do convívio; mas quando faz algo que é exclusivamente para o outro é interessante remunerá-la e deixar claro que poderá usar esse dinheiro no que quiser, na satisfação de algo que acha importante. Com isso, a criança vai aprendendo essa relação entre dinheiro, trabalho e satisfação de necessidades e vontades. Da mesma forma, caso ela estrague ou quebre algo que é de alguém da família, deve pagar por isso. Claro que os pais precisarão ter bom senso, verificar se o estrago foi involuntário, até onde a criança será capaz de honrar e compreender as consequências do que fez, dialogar com ela para que compreenda que essa atitude, repor o objeto alheio que destruiu, é sua responsabilidade.

Dar noções de economia, ganhos e gastos financeiros desde cedo é muito importante para a criança, para que compreenda que o dinheiro equivale à sobrevivência, e que sem ele a pessoa terá uma vida dependente ou indigna, uma realidade da vida na nossa sociedade: "Quem trabalha, produz, portanto é pago, é valorizado e respeitado". Porém, poucos pais se ocupam e têm a preocupação de ensinar questões como estas aos filhos, que se tornam adultos que não conseguem se concentrar, lidar bem com o dinheiro, gastam demais ou se desvalorizam, não sabem o valor do que têm e do que podem oferecer, e tornam-se pessoas amargas, queixosas, sem dignidade, que passam a vida esperando que as coisas caiam do céu.

A criança precisa ter noção do dinheiro que passa pela sua família e das dificuldades financeiras, claro que até onde ela possa compreender sem se angustiar com questões que não poderá resolver.

Para que se desenvolva saudavelmente, uma criança necessita de atenção, respeito e amor. O amor precisa vir com uma dose de aproximação e de afastamento. Em alguns momentos da vida, os pais sacrificarão vontades e coisas suas priorizando os filhos, mas estes precisam aprender que nem sempre isso é possível e que terão de fazer concessões também, em nome de um bom relacionamento: os sacrifícios, o diálogo e a reciprocidade são atitudes que geram confiança, segurança e sustentação.

Para encerrar, gostaria de salientar a importância do autoconhecimento no que se refere aos pais, passo fundamental para poderem compreender e estruturar melhores relações com seus filhos. Muitas questões emocionais e desestruturantes, que podem perpetuar ao longo da vida de uma pessoa, aparecem em decorrência das primeiras relações que as crianças experimentam e, como não possuem recursos para lidar com as dificuldades dos pais, tomam-nas para si, perenizando e difundindo conflitos e adoecimentos físicos e psíquicos.

Embora deva previamente passar por avaliações de profissionais qualificados, que excluirão questões de natureza física ou psíquica, uma criança que apresenta dificuldades, como comportamentos desadaptados, ou bloqueios emocionais, poderá oferecer aos pais a oportunidade de fazerem uma autoanálise para compreenderem que aqueles distúrbios não apenas refletem seu próprio comportamento, mas também dificultam a conexão com a vida emocional e mental do filho, além de criar uma dificuldade em provisionar o que ele necessita para o seu desenvolvimento. Estes jogos de projeções dificultam a interação de pais e filhos, além de impedirem a mútua compreensão: em vez de os pais conterem as angústias dos seus filhos, estes se tornam os depositários das questões difíceis dos pais, tornando um fardo muito pesado para seus egos, em formação. Os cuidadores, se forem conscientes, tentarão uma transformação, mas caso não consigam sozinhos, é recomendável que procurem ajuda, pois essa atitude beneficiará a todos os membros da família, precavendo-os contra muitos processos difíceis e repetitivos. Algumas vezes, dependendo da gravidade, ou do sofrimento que experimenta, a criança, ou jovem, também precisará de ajuda para se prover de recursos e ganho de consciência que contribuirão para que consiga, novamente, se autorregular e tornar-se mais bem adaptada/o e feliz.

A criança, em essência, possui um olhar de artista, formula frases de poeta e traz consigo muita sabedoria de vida. Os pais recebem da criança a oportunidade de reaprender a viver, de revisitar a própria infância e transformar aquilo que ficou bloqueado; enquanto cuidadores, ao se ocuparem da criança, também se transformam, bem como aquilo que não receberam na sua infância. Poder oferecer aos seus filhos o que receberam de bom promove a cura, constitui-se na possibilidade de contribuir para a geração seguinte de maneira ainda melhor, de transmutar ressentimentos em compaixão, rancor em afeição, mentiras em verdades. Este é o melhor caminho para uma vida rica, que nos dá continência, mesmo quando passamos por momentos difíceis.

Queiramos ou não, os relacionamentos familiares envolvem inúmeros desafios que nos acompanham ao longo da vida, e para não perpetuarmos os ressentimentos, precisamos desenvolver o nosso autoconhecimento, perceber as consequências das atitudes tomadas pelos que nos antecederam e transformá-las em nós, para não as repetirmos com os nossos filhos. Compreenderemos então que devemos ser gratos a nossos antecessores, que também enfrentaram muitos desafios para que estivéssemos aqui hoje, ao invés de julgá-los, culpá-los ou nos culparmos, pois o que cada um fez foi o melhor que pôde. Assim agindo, resgataremos a alegria e a presença inerentes à criança, compartilhando-as com o mundo.

REFERÊNCIAS:

DOLTO, F. *Quando os filhos precisam dos pais. Respostas a consultas de pais com dificuldades na educação dos filhos.* São Paulo: Ed. Martins Fontes, 2008.

HILLMAN, J. *Re-vendo a psicologia.* Petrópolis: Vozes, 2010.

JUNG. C. G. *Memórias, sonhos e reflexões.* Rio de Janeiro: Nova Fronteira, 1989.

JUNG, C. G. *A prática da psicoterapia.* O.C. XVI/1. Petrópolis: Ed. Vozes, 1998.

_________. *O desenvolvimento da personalidade.* O.C. XVII. Petrópolis: Ed. Vozes,1998.

_________ . F*undamentos da psicologia analítica.* O.C. XVIII/1. Petrópolis: Ed. Vozes, 1999.

_________. *O eu e o inconsciente.* CW VII/2. Petrópolis: Ed. Vozes,1991.

_________. *Psicologia do inconsciente.* O.C. VII/1. Petrópolis: Ed. Vozes, 1994.

MOTTA, I. F. *Orientação de pais. Novas perspectivas no desenvolvimento de crianças e adolescentes*. São Paulo: Casa do Psicólogo, 2006.

SAFRA, G. *A Po-Ética na clínica contemporânea*. São Paulo. Ed. Sobornost, 2004.

SAFRA, G. *Desvelando a memória do humano. O brincar, o narrar, o corpo, o sagrado, o silêncio*. São Paulo. Ed. Sobornost, 2006.

WHITAKER, R., O sofrimento infantil e as demandas de análise psicoterápica. São Paulo, ano 2008, Disponível em: http://www.psicologiasandplay.com.br – link Artigos. Acesso em: 14 setembro de 2020.

CAPÍTULO 5

O MEDO NO DESENVOLVIMENTO INFANTIL

MARIA TERESA CORBUCCI
CALDEIRA NASI

> *Se meu computador pegar fogo, vai ser um caos, o mundo vai acabar sem internet, sem computador, não tem jeito, o mundo vai acabar* (Menino de dez anos).

Neste capítulo, tratarei sobre o tema do medo em crianças, na perspectiva da Psicologia Analítica e da abordagem corporal de Integração Fisiopsíquica, incluindo a Calatonia e os Toques Sutis.

> *Tenho medo de quase tudo, dos bichos da natureza, fantasma, zumbi e ladrão. Tenho medo dessas coisas me matarem, por isso tenho meu próprio kit: arco, flecha, lança e pau quebra tudo* (Menino de nove anos).

O medo é uma emoção atávica, ou seja, nascemos com ela, sendo fundamental para a autopreservação e necessária à sobrevivência do ser humano.

> *O medo não é uma emoção patológica, mas uma característica universal dos animais superiores e do homem. Trata-se do estado de progressiva insegurança e angústia, de impotência e invalidez crescentes, ante a impressão iminente de que sucederá algo que o indivíduo quer evitar e que progressivamente se considera menos capaz de fazer* (DALGALARRONDO, 2008, p. 170).

O medo está em todos os lugares, podendo ser difuso, oculto, imaginário ou real. Pode ser expresso nas mais diversas imagens: monstros, zumbis, personagens apavorantes, raios, trovões, de acabar a internet ou até mesmo de não ter conexões virtuais com os *games*.

São inúmeros os medos experimentados pelas crianças, como os medos que surgem na sociedade contemporânea, provenientes da violência urbana, das catástrofes naturais ou das ameaças de morte.

O medo se entrelaça com o desenvolvimento infantil. Entretanto, pode aparecer de maneira exacerbada ao longo da trajetória da criança, quando paralisa ou impede a criança de realizar sua rotina ou interfere nos relacionamentos, na escola, nas atividades extraescolares e até mesmo no lazer.

Nos dias de hoje, muitos quadros de ansiedade que não tiveram suporte adequado evoluem para uma patologia.

GÊNESE DO MEDO

> *Tenho medo de alienígena, a nave pode pousar na minha casa e me levar num nevoeiro para um mundo paralelo* (Menina de 11 anos).

No início de sua trajetória, a criança está imersa em conteúdos inconscientes que refletem de alguma maneira toda a história da humanidade. Esses conteúdos coletivos se impõem para que haja um fortalecimento e ampliação da consciência. O impulso para o desenvolvimento é inerente e necessário para se afastar das forças do inconsciente, que, por serem desconhecidas, muitas vezes são perturbadoras. Esse mundo inconsciente precisa entrar em contato com a realidade do mundo externo para propiciar a ampliação da consciência.

Na Psicologia Analítica, o conhecimento é consciência. A possibilidade de conhecimento dos conteúdos inconscientes por parte da consciência é o proposto por Jung (2012). Entretanto, ressalta que a totalidade da psique é constituída por seus conteúdos conscientes e inconscientes - sendo estes últimos desconhecidos.

Os conteúdos inconscientes vão se afastando e entrando em contato com a realidade e os objetos externos. O ego, que é o centro da consciência, vai se ampliando por meio dos desejos e projeções.

Os conteúdos internos são simbolizados e projetados nos objetos externos e são essas projeções que vão possibilitar a adaptação à realidade, ao mundo externo.

Entretanto, essa separação entre inconsciente e consciente gera uma tensão entre esses opostos. A totalidade inconsciente de antes abre espaço para essa ampliação. No início, a criança está ligada aos instintos, ao indiferenciado, ao desconhecido, que vai sendo substituído por vínculos ligados ao coletivo, ao exterior e à cultura. A partir do vínculo com seus cuidadores primários, com seu corpo e com o mundo, em um processo gradual, emerge a consciência.

Essa ampliação da consciência pode vir carregada de conflitos e dificuldades, mas também proporciona um sentido e um significado aos conteúdos que necessitam serem conscientizados.

A organização da psique é dinâmica e direcionada por um sistema de autorregulação. A cultura também representa um sistema de representações dinâmicas.

A neurobiologia ressalta que o inconsciente e o consciente são dinâmicos e há um constante registro de experiências que são avaliadas para determinar seu significado e importância.

Os estudos atuais do desenvolvimento consideram a cognição a partir do desenvolvimento da emoção, que funcionaria como um processo organizador central do cérebro.

A regulação e a capacidade de organizar as emoções, inclusive o medo, são estruturadas a partir das relações primárias entre o bebê e a mãe ou cuidador primário e determinam a capacidade de integrar as experiências e de lidar eficientemente com estímulos estressores (COZOLINO, 2014).

Considerando que o desenvolvimento é a construção de uma experiência interpessoal, que se inicia entre a criança e o cuidador primário, o vínculo de um apego seguro favorece a autorregulação e a modulação das emoções. Nesse sentido, as experiências relacionais de afeto são essenciais ao desenvolvimento do cérebro, propiciando uma interação baseada na confiança e no apego seguro, além do seu caráter de autorregulação.

Quando a criança tem um vínculo de apego seguro, ela é capaz de ir controlando os medos que surgem no decorrer do seu desenvolvimento. Entretanto, o vínculo de apego inseguro poderá evoluir para uma patologia, pois esse controle não foi adequadamente adquirido.

A sintonia afetiva entre a mãe/cuidador primário e o bebê

estimula o processo de regulação das emoções (SHORE, 2012).

"No início do desenvolvimento, um apego saudável consiste na possibilidade de uma mãe que seja capaz de espelhar as emoções e os afetos de seu bebê, de tal forma que ele possa se sentir acalmado e assegurado" (ARAUJO, 2012, p. 911). Com o desenvolvimento neurofisiológico, as emoções antes reguladas pela mãe/cuidador primário tornam-se autorreguladas pela criança.

Quando as crianças crescem com experiências dominantes de separação, medo e desprezo, podem desenvolver transtornos tanto no aspecto psicológico quanto neurológico (SHORE, 2012; WATT, 2003), favorecendo uma incapacidade de autorregulação do afeto, que se revela em comportamentos agressivos, medrosos ou impulsivos, ou até mesmo em transtornos patológicos.

As experiências emocionais e afetivas desde a comunicação não verbal do bebê são armazenadas em um tipo de memória chamada memória implícita, que atua no desenvolvimento emocional, porém as experiências são internalizadas e armazenadas como memórias não acessíveis, ou seja, não estão conscientes para serem acessadas (KNOX,1999).

Podemos ajudar a criança a tornar explícita a memória implícita quando incentivamos a perceber o próprio corpo (atividade que usa o lado direito do cérebro responsável pelas emoções); e a identificar as emoções e os sentimentos de alegria, medo, tristeza ou raiva. Depois, podemos ajudá-la a expressar esses sentimentos em palavras (usando o lado esquerdo do cérebro). Assim, proporcionaremos que, como em um jogo de equipe, o cérebro trabalhe em conjunto por inteiro (SIEGEL, 2015).

Em um exemplo simples e cotidiano, uma maneira de ajudar a criança é quando ela está sentindo medo ou se machuca. É importante, nesse momento, a mãe ou o cuidador ajudar a identificar o que está acontecendo e não desprezar ou negar as emoções da criança, dizendo que não é nada e que passará logo, pois ela está conectada ao seu corpo, que sente o medo ou a dor. Se dizemos que não é nada, que está tudo bem, ou só "tome mais cuidado", estamos desprezando e não validando o que ela está sentindo. Deve-se, na realidade, permitir que a criança relate do que está com medo ou pedir para que conte como se machucou, acolhendo e a incentivando a colocar em palavras o que aconteceu ou está sentindo, validando, assim, seu medo ou sua dor.

Dessa maneira, estamos ajudando a criança a lidar melhor com os sentimentos que estão fora do seu controle e facilitando para que consiga regular e controlar melhor suas emoções.

Na Psicologia Analítica, a memória implícita estabelece um paralelo ao que se denominou de Sombra, que representa os conteúdos desconhecidos, sentimentos e comportamentos que não foram integrados à consciência, por não estarem de acordo com aquilo que desejamos ou com a imagem daquilo que queremos ser.

O medo está na sombra e carrega os conteúdos desconhecidos que podem ser ameaçadores, mas, por outro lado, quando confrontados, podem conduzir à ampliação da consciência. Daí a importância de se entrar em contato com esses conteúdos, que podem ser dolorosos e difíceis de lidar, mas que precisam ser confrontados para ampliar a consciência. Quanto menos consciente desses conteúdos, mais a criança ficará ligada aos conteúdos primitivos, sobrenaturais e ameaçadores do inconsciente.

Durante o desenvolvimento, a criança passa por várias etapas que vão mobilizando novos símbolos e estes devem ser integrados à consciência para propiciar o crescimento. Se estes conteúdos não são integrados, vão para a Sombra, podendo gerar transtornos patológicos.

O vínculo inicial com seus cuidadores primários, com seu corpo e com o mundo ao seu redor permite à criança projetar seus afetos em outras pessoas, integrar seus próprios sentimentos e, nesse processo, ir ampliando a consciência.

QUANDO O MEDO SE TORNA PATOLOGIA: ORIENTAÇÃO AOS PAIS

> *Na ilha de Bali, quando uma criança aprende a andar, as suas escapadas de casa são controladas pelas caretas de terror da mãe. Ela a chama de volta fazendo ameaças com diferentes palavras: "tigre", "polícia", "cobra", "cocô"! O resultado de tais dramáticos sinais de advertência é que a criança aprende a associar espaços abertos com monstros escondidos* (YI-FU TUAN, 2005).

Os padrões de ser e agir estabelecidos pala família, sociedade, morais e religiosos modelam o desenvolvimento do ego e da consciência. Esses padrões de conduta e códigos morais direcionam o desenvolvimento tentando enquadrar os comportamentos nesses sistemas, rejeitando os impulsos indesejáveis, destrutivos e temorosos que fazem parte da psique.

A relação dos pais adquire importância na formação do eu, são eles que vão aprovar ou desaprovar, punir ou aceitar os comportamentos da criança (NASI, 2016, p. 44).

É importante que os pais encorajem a criança a se identificar com as suas características positivas e que ao mesmo tempo acolham os sentimentos mais negativos, destrutivos ou violentos, para não produzir uma cisão com seu lado mais sombrio e assim favorecer que a criança desenvolva, com sua própria força do ego, o controle de suas emoções (NASI, 2016).

No descontrole emocional da criança, a mãe ou cuidador poderá ajudar na regulação emocional, em um primeiro momento acolhendo e estabelecendo uma comunicação carinhosa com a criança, mesmo em uma situação em que as suas emoções estão descontroladas, em momentos de explosões, com muito medo, irritação e tristeza.

Esperar que a criança fique mais calma , ajudá-la a nomear a emoção e incentivá-la a contar o que está deixando-a fora de controle são maneiras de ajudar a dar sentindo e significado para sua vivência, favorecendo o controle de suas emoções.

É importante permitir que a criança relate o acontecimento doloroso com sofrimento, mesmo que seja uma narração um pouco desorganizada, dando assim oportunidade para que ela vá aprendendo a organizar suas emoções. É possível, por exemplo, perguntar como está sentindo a emoção no seu corpo, em que parte do corpo ela sente o medo, a raiva e a tristeza, facilitando para que perceba como suas emoções e sentimentos se manifestam corporalmente.

As emoções são percebidas pelo corpo; assim, pode-se ensinar as crianças a se acalmarem propondo algo com o corpo para sair do estado de descontrole, quando, por exemplo, estão com medo ou não conseguem dormir.

Pode-se propor, por exemplo, focando a respiração da criança, brincar com uma bolinha de papel colocada em cima da barriga e pedir para ela observar a bolinha subir e descer, conforme ela inspira e expira; ou pode-se pedir a ela imaginar que está em uma grande boia, em uma prancha flutuando ou em um lugar, uma viagem ou uma situação em que ficou muito feliz, ajudando a criança a relacionar a respiração às sensações de calma, tranquilidade e de um corpo relaxado.

Lembrá-la que as emoções são temporárias, tem um movimento de ir e vir. Propor também uma atividade que movimente o corpo que está no descontrole das emoções - por exemplo, andar de bicicleta ou apostar uma corrida ou um jogo - pode ajudar a diluir a emoção considerada negativa.

As atividades do cuidador com a criança criam fortes vínculos relacionais e emocionais, facilitando que a criança integre a relação eu e o outro.

É importante também a criança aprender a lidar com as frustrações, lembrando que amor é igual a limite. Assim, ajuda-se a criança a se fortalecer para enfrentar as situações em que suas vontades não podem ser realizadas.

A criança deve também ser orientada para a autonomia, para que seja capaz de fazer suas próprias escolhas, em uma atitude intencional e fundamental para a construção da sua própria identidade.

Os pais podem dar uma contribuição valiosa na orientação e construção dessa autonomia, buscando suas próprias realizações e o significado de seus próprios conteúdos inconscientes, colocando luz na Sombra para não sobrecarregar a criança com seus próprios conteúdos inconscientes, desconhecidos e sombrios.

As crianças atuam observando a atuação dos pais ou cuidadores, não só por aquilo que é falado, uma vez que são as ações e atitudes dos pais que serão reproduzidas. Desse modo, se os pais vão atrás de seus sonhos, de suas realizações, de suas qualidades de vida e do que consideram ser importante para ser feliz, naturalmente já estão passando esses aprendizados aos seus filhos.

O brincar para a criança promove o contato com seus impulsos internos que são projetados em objetos externos, favorecendo a autorregulação desses constantes fluxos internos.

A criança é impulsionada por sua curiosidade e observação. Assim, todos os sentidos estão evidenciados: o olhar, os cheiros, os sons, os toques e o tocar exploratório, que observamos como se os olhos estivessem nas pontinhas dos dedos.

Nas brincadeiras, são expressas imaginação, criatividade e habilidades, muitas vezes subvertendo os objetos a outra ordem, e a criança precisa dessa exploração para projetar seus conteúdos internos. Observamos muitas vezes que o importante é o processo da brincadeira, que, por exemplo, pode fazer um personagem em argila levar um bom tempo para ser construído e, às vezes, a criança nem quer levar para casa a escultura, mesmo que tenha ficado de acordo com sua imaginação, porque o importante foi o processo da criação, e não o resultado produzido.

As brincadeiras são as mais inusitadas, divertidas e carregadas de símbolos. Nelas, podem surgir muitas representações espontâneas, muitas lutas, duelos entre dinossauros poderosos, bombas de ataque com as mais diferentes misturas, animais ferozes que atacam e vencem os humanos ou seres extraterrestres que pousam sua nave para espionar e levar crianças para outro planeta. Por meio dessas brincadeiras, lutas e ataques, expressam sua luta interna com o desconhecido, seus medos, os monstros que precisam vir para fora e serem vividos e experimentados para poderem ser controlados.

Os filmes, games e videoclipes de terror assustadores, com imagens fantásticas e sobrenaturais, exercem uma atração em algumas crianças porque, apesar de serem apavorantes e ameaçadores, podem ser uma maneira de enfrentar os medos e ter certo controle sobre eles, em um contexto entre fantasia e diversão que tem hora para acabar, de modo que, posteriormente, tudo volte ao normal.

Porém, devemos considerar que nem todas as crianças se divertem com essas imagens ou utilizam esses recursos para enfrentar seus medos.

Na abordagem junguiana, a criança, ao constelar o arquétipo do Herói, que simboliza a coragem e a força do ego como centro da consciência, luta para sair do contexto familiar protegido, seguro e acolhedor para desbravar heroicamente o mundo externo, em direção a uma trajetória com autonomia.

Então, por um lado, há o chamado em busca do desenvolvimento, mas, por outro, existem os conteúdos desconhecidos do inconsciente, que precisam ser acessados pela criança, sendo que, da tensão desse contato, pode surgir o medo.

As crianças, por exemplo, em processo de alfabetização, muitas vezes relatam muitos medos, pois estão saindo do ambiente familiar mais protegido para enfrentar o desconhecido e, assim, devem ampliar o conhecimento, novos relacionamentos e novos espaços a serem explorados, sendo que as tensões internas que essas mudanças poderão provocar podem ser projetadas em monstros; fantasmas; zumbis; seres apavorantes; e medo de trovões, raios e vento.

Os medos contemporâneos podem aparecer na desconexão virtual, no fim da internet no mundo, no computador pegar fogo, em monstros que saem do videogame, em personagens de games que podem sair da tela para matar e em ficar sem celular e não poder falar mais com ninguém.

Salientando que novos medos vão aparecendo no mundo contemporâneo, Nasi (2016), em uma pesquisa sobre medo em crianças, relata que os medos em si podem ser universais, mas se manifestam de acordo com a cultura, e que as imagens do medo expressam vivências e mudanças da sociedade na atualidade.

Os símbolos são os mensageiros indispensáveis dos instintos humanos para a parte racional da psique, e sua interpretação favorece a compreensão interna da psique (JUNG, 2008).

Os conteúdos dos símbolos que podem ser apavorantes e sombrios também podem ser expressos nos desenhos. Desenhar os medos pode ser uma maneira de projetá-los, diminuindo, assim, suas intensidades, facilitando o confronto dos conteúdos amedrontadores. Além disso, os símbolos expressos nos desenhos liberam a energia do inconsciente, possibilitando trazer esses conteúdos à consciência e favorecendo sua integração (FURTH, 2004).

As histórias também permitem fazer uma ponte entre inconsciente e consciente, facilitando um canal expressivo para concretizar os símbolos e exteriorizar os conteúdos inconscientes e dissociados, favorecendo a assimilação e integração à consciência.

No imaginário popular - por exemplo, nas lendas, nas canções de ninar e nos mitos -, o medo aparece muitas vezes para disciplinar o comportamento da criança, incutindo medos imaginários que poderão aparecer a qualquer momento em seu desenvolvimento. Nesse sentido, também é comum dizer à criança para não fazer algo porque se o fizer o monstro ou outra figura amedrontadora vai pegá-la e levá-la para longe de casa ou dos pais. Esses conteúdos armazenados na memória poderão aparecer e dificultar seu desenvolvimento emocional.

Por fim, no medo, há um sofrimento psíquico que precisa ser acolhido e ressignificado para poder restaurar o equilíbrio emocional.

PSICOTERAPIA, ABORDAGEM CORPORAL COM CALATONIA E TOQUES SUTIS: QUANDO O MEDO RESULTA EM UMA PATOLOGIA

> *Tem um monstro que é da minha cabeça; é uma pessoa slamer [monstro imaginado pelo menino] que tentou matar o menino. O menino costurou*

> *a boca dele, daí me falaram que quando a cadeira balançar, pode ser o monstro, daí a gente cobre a cabeça com cobertor, mas não olha porque ele pode te matar* (Menino de 10 anos).

Quando a criança não aprende a enfrentar o medo e ele evolui para quadros de ansiedade, tornando-se uma patologia, um recurso fundamental que podemos utilizar é o da Integração Fisiopsíquica, utilizando as técnicas da abordagem corporal.

Essas técnicas foram elaboradas por Pethö Sándor, médico húngaro que trabalhou em hospitais da Europa, na época da Segunda Guerra Mundial, e que chegou ao Brasil em 1949, estabelecendo-se em São Paulo. O trabalho que desenvolveu na Cruz Vermelha, assim como outros, deu origem à técnica da Calatonia[1] e dos Toques Sutis, que foram integrados no contexto da psicoterapia de abordagem corporal (DELMANTO, 1997).

A Calatonia "utiliza a sensibilidade cutânea, pela qual a mesma área pode servir para a percepção e condução das mais diversas qualidades (pressão, calor, frio, dor e suas gradações múltiplas), proporcionando uma vivência multissensorial" (SÁNDOR, 1974, p. 99). Os toques suaves, monótonos e prolongados da Calatonia, não são estímulos reconhecidos pelas terminações nervosas, possibilitando estímulos inusitados.

Os Toques Sutis favorecem a ressonância emocional, que pode facilitar a reparação de padrões de apego por meio de uma comunicação não verbal, criando possibilidades reparadoras

---

1. Para uma descrição mais detalhada da Calatonia e dos Toques Sutis, consultar Blanchard (2020).

em vínculos de apego inseguros e instáveis das primeiras experiências com seus cuidadores, podendo também ser a comunicação reparadora e organizadora do vínculo de apego.

A sintonia afetiva entre terapeuta e criança e a maneira como o terapeuta sintoniza as intenções, criando uma sintonia interpessoal - que é aberta ao acolhimento; continente ao sofrimento, medos e angústias; receptiva as projeções; disponível para acompanhar as fantasias e experimentações; e atenta aos simbolismos e possibilidades de ressignificações - possibilitam à criança que os vínculos de apego inseguro armazenados de maneira implícita e não conscientes desde as primeiras experiências de apego sejam reparados.

Dentro dos Toques Sutis, o Toque de Sopro No Pomo De Adão, ou seja, no ponto mais proeminente da tireoide, elaborado por Sándor (DELMANTO,1997), é outro tipo de toque aplicado no paciente. Nesse toque, a criança permanece em pé, com braços ao lado do corpo, olhos fechados, e o terapeuta se localiza em frente da criança, assopra em uma expiração de modo prolongado, persistente e pontual em média sete vezes no ponto mais proeminente da tireoide, a uma distância de, em média, 15 centímetros do pescoço, com o cuidado de afastar o rosto para o lado na inspiração.

O sopro nessa região, conforme relata Sándor em Delmanto (1997), costuma repercutir na respiração e no ritmo cardíaco, auxiliando nas acelerações do corpo e da mente, e é acompanhado de relatos de diminuição dos medos e da ansiedade.

Salienta-se, ainda, a importância da tireoide em regular vários processos corporais e associa-se essa participação à própria sobrevivência, quando, no nascimento, o bebê abre a respiração e chora. Posteriormente, é preciso sugar e engolir para manter a sobrevivência.

No decorrer do desenvolvimento, esse centro de força da tireoide poderá refletir a interação com a vida, manifestando o medo ou a coragem.

Outro tipo de Toque Sutil foi o Estímulo na região da orelha. Trata-se do Estímulo de Sopro Atrás da Orelha, também elaborado por Sándor (DELMANTO, 1997). Nesse toque, a criança permanece sentada, com os braços ao lado do corpo e olhos fechados. O terapeuta, por sua vez, encontra-se a uma distância por volta de 10 a 15 centímetros da criança e, em uma expiração, emite um sopro prolongado, consistente e morno atrás da orelha, no ponto de junção com o crânio, podendo afastar delicadamente a orelha para aplicar o sopro. Esse estímulo deve ser aplicado nas duas orelhas e pode ser repetido de duas a três vezes em cada ponto.

O estímulo do sopro mobiliza ramificações do nervo vago, repercutindo no diafragma e no plexo esofágico, proporcionando um equilíbrio do corpo e criando condições para a reorganização que se mostrar necessária (DELMANTO,1997).

O nervo vago tem papel importante no corpo ligado ao sentido da neurocepção, que seria a capacidade de o sistema nervoso perceber as alterações externas do ambiente para agir e atuar. Nesse sentido, tal nervo é de grande importância na emoção do medo, pois detecta se o ambiente é seguro ou se uma pessoa é confiável. Assim, o estímulo ao nervo vago estaria proporcionando uma regulação ligada às emoções.

> *Os estudos da Neurociência atualizaram as informações sobre as possíveis bases neurobiológicas da Calatonia e dos Toques Sutis, provendo hipóteses plausíveis para explicar seus mecanismos autorregulatórios da psique e do corpo, que promovem o bem-estar duradouro. A abordagem silenciosa da Calatonia, que se dá sem tarefas e em um estado de repouso, de forma conjunta com um fluxo constante e lento de estímulos passivos incomuns, fornece as condições adequadas nas quais poderá ocorrer a regulação cerebral. O reflexo de orientação na Calatonia ajuda a reorganizar os sistemas motivacionais do indivíduo, restabelecendo um impulso saudável para viver* (BLANCHARD, 2020).

Essas sequências de sopros lentos e contínuos, elaborados por Sándor (DELMANTO, 1997) e atualizados pela Neurobiologia, são exemplos simples de como o reflexo de orientação atua na Calatonia e nos Toques Sutis. Esse contato somatossensorial, que atua nas ramificações do nervo vago, redirecionam de maneira tranquila comportamentos disruptivos da criança, favorecendo a autorregulação emocional. O redirecionamento rápido da atenção para um estímulo afetivo agradável e neutro também permite uma sensação de controle emocional (BLANCHARD, 2020).

Embora tais técnicas não sejam invasivas, pede-se autorização para os pais e principalmente à criança, em respeito ao seu corpo.

Para ilustrar esse tema, farei um relato breve de um caso

clínico no qual recursos como o da abordagem corporal, colocados em prática por meio da Calatonia e dos Toques Sutis, tiveram papel essencial no processo terapêutico.

CASO CLÍNICO

Menino de 10 anos, que veio ao consultório acompanhado de sua mãe, com a queixa de estar com medos exacerbados que o paralisavam em muitos momentos da sua vida diária. Procurava à noite o quarto dos pais para dormir, não ficava muito tempo fora de casa, nem na casa de parentes ou amigos. Na escola, estava com dificuldades para se relacionar com seus muitos amigos, pois faziam *bullying* com seus medos.

É interessante notar o fato de que foi o menino quem pediu à mãe para fazer terapia, afirmando que tinha "ouvido falar" que a terapia poderia ajudar com seus medos.

É muito simpático, gentil, afetuoso e dizia estar muito triste com seus amigos que ultimamente só queriam ficar "zuando", mostrando e falando sobre coisas assustadoras.

A avaliação psicológica mostrou que o paciente se tratava de uma criança inteligente, sem nenhuma dificuldade escolar, mas com dificuldades no controle sobre seus impulsos, e inseguro quanto aos sentimentos e dificuldades na regulação das emoções. No decorrer das sessões, foi lembrando e relatando medos que tinha desde muito pequeno, alguns deles incutidos por outros para disciplinar seu comportamento.

Não conseguia dormir na maioria das vezes; dizia que vinham as imagens de figuras e personagens amedrontadoras e que procurava o quarto dos pais. Também relatava que, quando estava com medo, suava frio, tremia e parecia que não tinha mais força física.

A abordagem corporal de integração fisiopsíquica aplicada com a Calatonia e os Toques Sutis neste paciente foi essencial para ele vivenciar um corpo que pode ser relaxado, menos ansioso e livre dos seus medos. Após o relaxamento, relatava que, antes de fazê-lo, parecia uma múmia atada com faixas – "sabe aquelas do Egito"? – e depois sentia que seu corpo estava livre de tudo isso e pronto para escolher o que fazer na sessão.

Quando soube que poderia fazer fogueira, já que o espaço físico do consultório permitia essa experiência, ficou muito animado e as brincadeiras escolhidas durante muitas sessões tinha o fogo como componente. No início, o ato de acender um fósforo, mesmo que ao lado da terapeuta e com todas as instruções de segurança, ainda o deixava inseguro e com medo. Teve, então, a ideia de amarrar vários palitos com um elástico para o fogo ficar maior e ser mais fácil de manipulá-lo nas experiências. Assim, fazia diversas experiências e depois fez a fogueira na qual queimava os mais diversos materiais.

Além disso, construía com sucatas monstros com sangue nos olhos e cabeças ultrapassadas por pedaços de madeira que se transformavam em facas; e criava personagens extraterrestres com muitas garras que soltavam cuspes venenosos, bombas de destruição com os mais diversos materiais, cobras que se transformavam em caras de pânico e que estrangulavam e matavam "pessoas inocentes". As mais diferentes figuras assustadoras e apavorantes foram colocadas nas fogueiras para serem derretidas, destruídas e queimadas. As cinzas das fogueiras eram muitas vezes guardadas para serem novas bombas mortíferas.

Descobriu que apagar o fogo com a mangueira de água fazia surgir rapidamente uma fumaça que também começou fazer parte da brincadeira, pois virava gases mortíferos. Todas essas vivências foram feitas ao lado da terapeuta, com todas as instruções de cuidado que se deve ter com o fogo e com o combinado de que nem ele nem a terapeuta poderiam se machucar.

O controle sobre o fogo o deixava com segurança para fazer a fogueira, cada vez mais elaborada tanto na construção quanto no manejo do fogo.

Nessa época, a terapeuta, atenta aos conteúdos simbólicos das experiências e brincadeiras, contou histórias, lendas e mitos sobre como o fogo foi descoberto e como era usado desde a época das cavernas até os dias de hoje. Posteriormente, paciente e terapeuta passaram a fazer bananas assadas, pipoca e queijos no espeto para derreter e até espetinhos de churrasco.

Da fogueira, o fogo passou para o fogão. O paciente começou fazendo comidas simples, como bolo de caneca e macarrão na manteiga, até *sushis* e *temakis*, suas comidas preferidas.

Na etapa final do processo terapêutico, ele vinha contando muitas histórias apavorantes inventadas por ele. A terapeuta, assim, sugeriu fazer um livrinho com todas essas histórias, ideia da qual gostou muito, querendo, inclusive, saber se poderia fazer vários livros para vender.

As histórias tinham monstros, figuras sombrias e apavorantes, todas desenhadas por ele, mas apareciam também personagens corajosos e poderosos que podiam vencer os perigos. Nas histórias sempre havia crianças, e quando os perigos não eram vencidos era porque o personagem estava desatento ou não obedecia às regras. Depois da conclusão do livro, com as histórias contadas e desenhadas por ele, ficou muito orgulhoso quando a terapeuta pediu autorização para deixar um exemplar na sala de espera do consultório. Ele perguntou: “Você acha que elas [as pessoas] vão gostar de ler?”. A terapeuta respondeu que o livro, da mesma forma como o ajudou a enfrentar seus medos, possibilitando que ele contasse e desenhasse histórias de medo, poderia também inspirar outras crianças a fazer o mesmo.

CONCLUSÃO

> *Eu tenho um jogo que eu jogo mas não gosto dele, aparecem animaisrobóticos que são assustadores, podem entrar no seu sonho e te matar, dá muito medo, é de computador* (Menino de 9 anos).

O medo tem papel fundamental na adaptação e sobrevivência humana. Entretanto, quando a criança não tem o suporte adequado de um vínculo de apego seguro e o medo evolui para uma patologia, a psicoterapia e a abordagem corporal, com as técnicas citadas, é uma possibilidade de ajudar a criança a regular suas emoções, incluindo a do medo.

O paciente pode assim lidar com o aspecto destrutivo,

transformador e construtivo do fogo, facilitando o contato com seus medos e inseguranças, e se apropriar de suas habilidades e competências.

O que estava sendo vivido internamente passa a ser projetado em objetos externos, facilitando o controle e a regulação das emoções.

No caso relatado, apoiado na psicologia junguiana e na abordagem corporal, a estimulação tátil desviou a atenção do paciente de um estado emocional inseguro, medroso e "atado com faixas, como uma múmia", para uma sensação de alívio; de estar livre e confiante; e de vivenciar o corpo como um lugar seguro, de modo a favorecer o desenvolvimento do ego, em uma base corporal mais relaxada e com um corpo mais organizado e livre das ataduras dos medos.

> *O que eu ensino são como sementes que vão caindo dentro de vocês. Elas se desenvolverão de diferentes formas, dependendo do campo interno de cada um...* (PETHÖ SÁNDOR apud DELMANTO, 1997).

REFERÊNCIAS

ARAUJO, C. A. *Psicologia analítica*. In: ASSUMPÇÃO JR, F. B.; KUCZYNSKI, E. *Tratado de psiquiatria da infância e da adolescência*. São Paulo: Atheneu, 2012. p. 905-914.

BLANCHARD, A. *Calatonia: novos insights da neurociência*. Miami: Alma Enterprise, 2020.

BLANCHARD, A. R. *The Psyque in Pethö Sándor's Method*. *In*: BLANCHARD, A. R.; RIOS. A. M. G; SEIXAS, L. P. (eds.). *Calatonia: a therapeutic approach that promotes somatic and psychological regulation*. Miami: Alma Street Enterprise, 2019. p. 173-201.

COZOLINO, L. *The Neuroscience of Human Relationships*. New York: W.W. Norton & Company, 2014.

DALGALARRONDO, P. *Psicopatologia e semiologia dos transtornos mentais*. Porto Alegre: Artmed, 2008.

DELMANTO, S. *Toques Sutis: uma experiência de vida com o trabalho de Pethö Sándor*. São Paulo: Summus Editorial, 1997.

FURTH, M. G. *O mundo secreto dos desenhos: uma abordagem junguiana da cura pela arte*. São Paulo: Paulus, 2004.

JUNG, C. G. *A natureza da psique*. Petrópolis: Vozes, 2012. (Obras Completas, v. 8/2).

JUNG, C. G. *O homem e seus símbolos*. Rio de Janeiro: Nova Fronteira, 2008.

KNOX, J. *The Relevance of Attachment Theory to a Contemporary Junguian View of Internal World: Internal Working Models, Implicit Memory and Internal Objects. Journal of Analytical Psychology*, [S. I.], v. 44, p. 511-530, 1999.

NASI, M. T. C. C. *A representação da imagem do medo em crianças de 6 a 11 anos*. 2016. Dissertação (Mestrado em Psicologia) - Programa de Estudos Pós-Graduados em Psicologia Clínica. Pontifícia Universidade Católica de São Paulo, São Paulo, 2016.

SÁNDOR, P. *Técnicas de relaxamento*. São Paulo: Vetor, 1974.

SIEGEL, D. J. *O cérebro da criança.* São Paulo: nVersos, 2015.

SHORE, A. N. *Modern attachment theory: The central role of affect-regulation in development. Clinical Social Work Journal,* [S. I.]: Springer, v. 36, p. 9-20, 2008.

SHORE, A. N. *The Science of Art of Psychotherapy.* New York: Norton, 2012.

WATT, D. F. *Psychoterapy in an Age of Neurosciencie: Bridges to Affective Neuroscience. In*: CORRIGALL, J; WILKINSON, H. (ed.). *Revolutionary connections: Psychoterapy and Neuroscience.* London: Karnac, 2003. p. 79-115.

YI-FU, Tuan. *Paisagens do medo.* São Paulo: Unesp, 2005.

CAPÍTULO 6

CONVERSANDO SOBRE RELIGIÃO:

O Desenvolvimento da Espiritualidade nas Crianças e o Papel dos Modelos Parentais

DRA. ANA MARIA GALRÃO RIOS

O desenvolvimento da religiosidade e da imagem de Deus nas crianças, assim como seu relacionamento com o mundo espiritual, são temas que apontam para um aspecto fundamental da vida humana, que se refere ao relacionamento com o desconhecido e o misterioso, com a imprevisibilidade da vida, com a própria morte e a dos familiares, com sentimentos de pertencimento e segurança, assim como com uma busca de sentido para a existência. As crianças, curiosas sobre a vida, crivam os adultos de perguntas. Por que nascemos? De onde viemos? Como? Por que as coisas acontecem? Quem manda, escolhe, ou toma as decisões? Por que as diferenças? As coisas podem ser controladas ou previstas? O que é a morte? Acaba aqui? Por onde sai a alma? Quando meus pais vão morrer? Para onde as pessoas vão? Tais perguntas que povoam a mente infantil a partir dos 6 anos de idade trazem ansiedade, uma vez que não encontram, em geral, nos adultos, respostas tranquilizadoras. Quem tem tranquilidade para lidar com esses assuntos? Sem segurança para responder, os pais se confundem ao penetrar numa área na qual temos que acreditar mais do que conhecer, num campo no qual há limites para a cognição humana. As perguntas variam segundo a idade, apontando para preocupações desde muito concretas até as mais abstratas, e apontam para diversas funções psíquicas: por vezes a criança quer se sentir protegida, obter vantagens, tranquilizar-se, ganhar coragem para enfrentar desafios, podendo atuar ainda como princípio normatizador do comportamento.

A intenção do capítulo não é discutir a existência metafísica de Deus ou as vantagens e desvantagens de qualquer religião estabelecida, mas apontar para o fato de que ter atitude religiosa ou espiritualizada é inerente à espécie humana. Independentemente de qualquer afiliação religiosa, na busca de compreensão das origens e da função da espiritualidade humana, Alper (2005) propõe que a ideia de um Deus pode ser entendida como produzida na psique ou no cérebro humano. Este conceito ou impulso espiritual está presente em todos os seres humanos desde sempre, sendo encontrado em todas as culturas sob forma de preocupação com a imortalidade, que se manifesta através dos rituais de morte, e também como a tentativa de atribuir significado e ordem aos eventos percebidos como desorganizados. Como regra, para cada característica física ou de comportamento comum a todos os membros de uma espécie, existem genes responsáveis por tal traço ou possibilidade de comportamento. A espiritualidade seria, portanto, uma característica inerente à nossa espécie, sendo inato em nós acreditarmos em uma realidade espiritual.

Há uma universalidade de interesses espirituais nas diferentes culturas humanas. Toda cultura propõe agrupamentos espirituais, com seus rituais de iniciação. Há em cada cultura algum tipo de sacerdócio e tentativa de compreender o desconhecido, além de maneiras de sacralizar alguns espaços, tempos ou objetos. Todas as culturas expressam crenças na existência de forças transcendentais que influenciam nosso mundo: carma, sorte, vontade de Deus, destino, mérito etc. Toda cultura desenvolve uma moral que se baseia originalmente nestes conceitos de julgamento espiritual. Alper (2005) justifica isso observando que somos a única espécie com consciência de si mesma e da própria mortalidade. Mas, como consequência natural disso, antecipamos nossa própria morte e a das pessoas queridas, sabendo que estamos sujeitos a isto em qualquer momento. Não podendo escapar a este temor que permanentemente nos ameaça, esta forma de consciência acabaria por ser debilitante, se não tivéssemos o desenvolvimento paralelo de uma função espiritual, a partir do qual criamos o conceito de um Deus, pai protetor ou orientador, uma vontade maior responsável por uma ordem cósmica que não nos deixa à mercê das contingências. Com esquemas para evitar o medo e desenvolvendo espiritualidade, somos mais eficientes no nosso dia a dia e naturalmente selecionados para sobreviver, aumentando a chance de sobrevivência também da nossa espécie. Também a prece tem função de diminuir a ansiedade, com alteração do funcionamento neuroimunológico. As conversões religiosas ocorrem, segundo o autor, mais frequentemente em épocas de crise, nas quais o ego, enfraquecido, não se mostra capaz de lidar com os desafios, perdendo eficiência. A capacidade de desenvolver uma espiritualidade permitiu, então, nossa sobrevivência enquanto espécie, qualificando indivíduos para a resolução mais eficiente das demandas da vida.

Meu interesse pelo assunto brotou a partir da prática clínica com crianças, especialmente no acompanhamento de crianças com doenças graves, especificamente um menino com um quadro grave de doença cardíaca, que usou sua terapia, dos 8 aos 14 anos, para buscar formas de visualizar um Deus que sustentasse seu processo de vida, doença e morte, tentando compreender o que vivia e o que o esperava. As crenças tradicionais não supriam suas necessidades. Essa criança explorou vários padrões religiosos de expectativas e relacionamentos com Deus e trabalhou nisso até sua última sessão de terapia, poucos dias antes de sua morte.

O objetivo deste capítulo é oferecer aos pais informações a respeito de como a imagem de Deus e seu relacionamento com ele se desenvolvem na criança, para que estes possam atuar de modo mais eficiente na criação de um indivíduo confiante e capaz de enfrentar os diversos desafios que a vida propõe. A religiosidade da criança e a imagem que esta desenvolve de Deus tem relação com a religião de origem ou ausência dela, com a faixa etária, testemunho dos pais e com a atitude ou o comportamento destes frente à vida. Como um estudo a respeito de religiões comparadas não caberia no escopo do presente capítulo, discutiremos o desenvolvimento da espiritualidade nas diversas idades, e a influência dos modelos parentais na formação da atitude espiritual da criança.

1. IDADE

Os primeiros sinais de espiritualidade propriamente dita aparecem na criança entre os 4 e 6 anos de idade, quando começam as perguntas sobre a origem da vida e sobre a morte, e, muito tipicamente, quando as fantasias de adoção emergem na mente das crianças, e implicam em uma intuição de uma filiação maior e diferente da que se refere aos pais biológicos.

A imagem de Deus de uma criança a partir dos 4 anos de idade, é, em geral, de um tipo de mágico ou superhomem, com poderes além dos humanos, onisciente e infalível.

Richert e Barret (2001) pesquisaram a hipótese da antropomorfização de Deus na percepção das crianças, supondo que tal imagem fosse construída a partir da imagem que a criança tem dos próprios pais. Encontraram que Deus possuía, nas fantasias infantis, mais poderes que seus pais ou qualquer outro ser vivo. Compreenderam que é mais fácil para a criança entender a onisciência divina do que a falibilidade humana, e que ela precisa desta certeza de poder infinito. Um dos procedimentos usados no seu experimento foi mostrar às crianças uma caixa de biscoitos contendo pedras, e os biscoitos reais num saco de papel não transparente, e perguntar a elas onde pensavam que diferentes agentes: a mãe, um urso, uma formiga, uma árvore e Deus, procurariam pela bolacha primeiro, e por quê. Em relação a todos os agentes, o resultado obtido correspondeu ao previsto pela hipótese da antropomorfização para cada idade, exceto para

Deus, que não falha, mostrando que as crianças tratam Deus como um agente diferente dos outros agentes não humanos. Deus continua infalível mesmo quando outros agentes já são enganáveis pela aparência da caixa de biscoitos, inclusive a mãe. Deus sabia sempre, ou porque podia ver o conteúdo da caixa mesmo não estando presente, ou estava presente, mas invisível, ambas características não humanas. Deus tem habilidades especiais, e é muito difícil de ser enganado, sendo mais esperto que a própria mãe.

Segundo Rios (2008), em sua pesquisa sobre o desenvolvimento da imagem de Deus na infância, o Deus das crianças menores é representado primariamente como um Deus semelhante à própria criança, ou seja, um Deus que cria, inventa mundos e que brinca: joga bola, empina pipa, anda de bicicleta etc. As crianças de 6 a 8 anos atribuem a Deus atitudes e atividades maternas, de cuidados e proteção num nível bastante concreto, ainda que representem Deus como do gênero masculino. Assim, a imagem de Deus encontrada nesta faixa etária inclui, além de um Deus que brinca e passeia, alguém superpoderoso que faz comida, varre nuvens, fabrica casacos, protege as casas, as igrejas e as pessoas. Logo em seguida, dos 8 anos em diante, na fase patriarcal, o Deus das crianças ganha características de organizador e legislador. Deus, então, é imaginado fazendo as leis, determinando como devemos nos comportar ou evitando que façamos coisas erradas ou perigosas. Perto dos 10 anos de idade, com a aprendizagem escolar e eventualmente religiosa, e a exposição a diversas crenças estabelecidas, o Deus que antes brincava adquire aspectos mais coletivos e aprendidos nos cultos e nas escolase é representado em cenas comuns da arte religiosa, acompanhado de sinais e atributos típicos, como a cruz, o cálice, a Bíblia ou a Torá, a pomba ou o peixe. Em função de sua aculturação específica, as crianças desta faixa etária estranham quando encontram representações de deuses de outras religiões, como por exemplo um menino budista que, ao ver um crucifixo, perguntou horrorizado por que aquele homem estava sangrando, e por que a mãe dele não lhe punha curativos. Dos 10 anos, até os doze, Deus é representado como protetor, com características mais abstratas: Deus salva, cura as pessoas, faz milagres, inspira ideias, dá livramentos. Nesta idade, Deus é também, muito frequentemente, um sofredor. Mais tarde, na adolescência, as crianças têm muito mais dificuldade em representar Deus de forma pessoal, falando em luz, energia, força, conjunto vazio ou outras representações abstratas. Entretanto, a maioria das representações mostra um Deus livre e ressuscitado, abençoando a Terra e a todos indiscriminadamente, como o Cristo do Corcovado.

Este estudo indica que a imagem que a criança tem de Deus varia com a idade e tem funções diferentes. O amigo imaginário superpoderoso da primeira infância evolui para uma mãe cósmica e depois apresenta-se como um organizador do mundo, alguém que separa o bem do mal, que sofre pela humanidade, até finalmente poder ser compreendido como alguém que ama e abençoa indiferentemente a todos. É muito importante que se saiba dessa evolução e diferenciação, quando os pais desejam transmitir a seus filhos seus próprios conceitos a respeito de um ser superior num modo compreensível para a psique infantil.

2. O PAPEL DO TESTEMUNHO

Mais do que o que se fala, o que impressiona a mente infantil é a observação do comportamento dos pais, e a modulação de sua voz ao falar sobre determinados assuntos.

Harris et al. (2006) estudaram o papel do testemunho das pessoas significativas para a criança e da experiência direta na representação de entidades ontologicamente diferentes. Crianças de 4 a 8 anos foram convidadas a julgar a existência de tipos diferentes de entidades:

1. Reais, que são aquelas cuja existência é evidente para todos e constatável através dos sentidos ou fotos, como árvores ou gatos;

2. Científicas, como oxigênio ou germes, cuja existência é invisível, mas geralmente pressuposta no discurso cotidiano;

3. Imaginárias ou ambíguas como Deus, fadas ou Papai Noel, que os adultos tipicamente mencionam no discurso dirigido às crianças.

O resultado obtido foi que as crianças afirmam com mais segurança que entidades como oxigênio e germes existem, mesmo que não os percebam pelos sentidos nem consigam imaginar como eles se parecem, do que seres imaginários como o Papai Noel que encontram nos shoppings e nos desenhos. Tal segurança baseia-se unicamente na modulação do tom de voz dos pais ao falarem sobre tais conceitos. Há uma diferença ainda que sutil no modo como a mãe fala dos vírus e das fadas, que faz com que as crianças afirmem que os primeiros existem de verdade, enquanto que os imaginários são duvidosos.

Em algumas famílias, a existência e a eficácia de alguns destes seres, como Deus, não são somente afirmados, mas estão no dia a dia da criança. Quando os pais pedem que a criança reze, por exemplo, deixam implícito seu desejo de que a criança tenha uma atitude espiritual, qualquer que seja a crença dos pais. Para as muitas áreas do conhecimento humano nas quais não é possível a experiência direta, o testemunho, com seus diferentes padrões, é um dos recursos necessários para o desenvolvimento dos conceitos que envolvem entidades de difícil acesso perceptivo ou experimental. E o testemunho envolve a confiança no vínculo interpessoal, sendo a forma que o ser humano tem de adquirir conhecimento através da experiência do outro. Tal modo de adquirir conhecimento só será significativo se o vínculo com o outro também o for.

Seguindo pela mesma linha de raciocínio, Rizzuto (1979) afirma que Deus torna-se um ser vivente, uma realidade invisível na mente da criança, quando esta observa que seus pais a encaminham para aulas de orientação religiosa, e, mais do que isso, quando os observa rezando ou em atitude religiosa. “Para uma criança pequena, ver seus pais se ajoelhando, mostrando respeito, permanecendo de pé ou se referindo com devoção a um ser invisível é uma experiência profundamente impressionante." (p. 50) Desta forma, a realidade dos pais e de suas ações empresta realidade também ao ser invisível.

3. MODELOS PARENTAIS

É importante para a psique infantil sentir-se protegida e cuidada em todos os níveis. Uma das escolhas evolutivas da espécie humana foi ficar em pé e mudar as proporções da bacia feminina. Assim, com o maior cérebro possível no momento do nascimento, a espécie humana escolheu, como mecanismo adaptativo, nascer em condição de grande precariedade para a sobrevivência, e depender dos laços afetivos para viver e se desenvolver. Sem alguém que nos ame e cuide de nós, não temos condições de sobreviver nem de nos desenvolver em termos psicológicos, por muitos anos. Depender apenas de um adulto, dos pais pessoais, ou de grupos muito pequenos gera ansiedade nas crianças, e é por isso que nos organizamos instintivamente em redes de apoio que incluem avós, madrinhas e padrinhos, tios, mestres e amigos. A espiritualidade se insere neste campo organizador e protetor, sendo muito importante que se desenvolva adequadamente para que possa exercer sua função primordial de acolhida, tranquilização, e orientação.

A influência mais significativa na construção da espiritualidade da criança é a relação que esta estabelece com os pais. Estudos indicam, como veremos a seguir, que o padrão de relacionamento da criança com seus pais prefigura sua atitude religiosa, oferecendo base para o desenvolvimento seguro da psique total.

Pesquisando se a imagem que as crianças têm de Deus se relaciona à percepção que têm de seus pais e baseando-se na teoria do apego de Bowlby (1958) para fazer suas previsões, Dickie et al. (1997) estudaram duas amostras de crianças de 4 a 11 anos, buscando relacionar as imagens parentais e Deus quanto à acolhida e ao poder. Num primeiro estudo testaram a semelhança de Deus com o pai ou com a mãe, e Sua caracterização enquanto provedor de cuidados ou todo-poderoso. As crianças foram entrevistadas individualmente e a elas foi pedido que respondessem se alguns adjetivos que medem acolhida, tais como: paciente, caloroso, disponível, empático, amoroso, atento e cuidadoso; e poder, tais como todo-poderoso, julgador, forte, punitivo, líder, protetor e justo, pareciam muito, um pouco ou nada com suas mães, pais e Deus. Confirmando suas hipóteses, Deus é percebido pelas crianças como mais poderoso que ambas as figuras de autoridade, e mais parecido com a mãe na medida em que a criança vai ficando mais velha. O melhor indicador da acolhida de Deus foi, entretanto, o pai sendo percebido como acolhedor. Em segundo lugar, a mãe sendo percebida como poderosa, foi considerada o indicador capaz de prever uma imagem de Deus onipotente, ao contrário das expectativas dentro dos padrões de gênero tradicionais. O fato do pai morar ou não com a criança foi anotado. Analisando os resultados, concluiu-se que, de modo geral, crianças percebem Deus como menos acolhedor quando instrumentos disciplinares com mais conotação de poder são utilizados. Tanto a mãe, quanto o pai, quanto Deus, foram percebidos como mais acolhedores quando o pai morava na mesma casa. Quando o pai não morava, tanto este quanto Deus são percebidos como mais poderosos.

Dentro da mesma linha de pesquisa, De Roos, Iedema e Miedema (2004), partiram do pressuposto de que a aprendizagem social do conceito de Deus se daria pelo conceito que a mãe tem de Deus, evidenciado através de suas práticas no manejo da criança e no tipo de relacionamento que estabelece com seus filhos. As mães pesquisadas pertenciam a diferentes grupos religiosos e as não afiliadas a nenhum grupo específico. Foram levantados dados a respeito do nível educacional da mãe, sua religião e seus hábitos no manejo da criança através de um questionário. Suas respostas foram posteriormente classificadas em algumas modalidades disciplinares, tais como: rígida, promotora de autonomia, aberta. A expectativa era de que práticas mais amorosas, que ofereciam mais apoio, levariam a uma percepção de um Deus também mais amoroso. Como resultados foram confirmadas influências dos conceitos de Deus das mães, seu nível de escolaridade e afiliação religiosa, nos conceitos de Deus das crianças. Quanto maior a escolaridade da mãe, mais seu conceito de Deus era amoroso, e mais suas práticas educativas promotoras de autonomia: estas crianças tinham um conceito de Deus como amoroso e cuidador; entretanto, seu Deus era menos potente. Mães com imagens de um

Deus distante, rígido e autoritário, tinham práticas educativas mais autoritárias, que levaram a uma imagem de Deus mais potente, mas não necessariamente mais punitivo nas crianças. Métodos disciplinares rígidos levam a uma imagem de Deus poderoso, com características tanto punitivas quanto assertivas: quanto menos as mães estimulam a autonomia das crianças, mais estas percebem Deus como poderoso. Frente a um Deus percebido como poderoso, algumas crianças tendem a ter um comportamento de barganha ou lisonja, demonstrando uma qualidade de apego inseguro.

De modo geral, podemos afirmar que uma boa relação com os pais tende a promover uma relação de segurança também com o mundo espiritual. Uma relação autoritária predispõe a uma imagem de Deus mais potente, enquanto os pais menos rígidos levam ao desenvolvimento de uma espiritualidade mais continente do que poderosa. Muito se pode trabalhar com os adultos que cuidam e educam as crianças, para que elas possam crescer sentindo-se confiantes e protegidas pelos pais pessoais, e também pelos pais transpessoais.

É muito importante que os pais pensem sobre que valores querem transmitir aos filhos e como sua conduta os espelha. Querem que os filhos contem com eles e que os chamem quando assustados, em qualquer idade? Querem que se sintam confiantes em uma espiritualidade que os enxerga e se importa com eles? Então não deixem seus filhos chorando sozinhos no berço. Querem crianças mais autônomas, com uma amplitude maior de recursos? Encorajem viagens e pernoites nos amigos. E assim por diante, na construção cotidiana e interpessoal da religiosidade.

Que o mundo espiritual abençoe sempre as crianças e nossos esforços para oferecer-lhes os melhores caminhos para um desenvolvimento feliz.

REFERÊNCIAS

ALPER, M. *The "God" part the brain.* New York: Rogue Press, 2005.

BOWLBY, J. The nature of the child's tie to his mother. International Journal of Psychoanalysis, 39, 350-373., 1958.

DE ROOS, S. A.; IEDEMA, J.; MIEDEMA, S. *Influence of maternal denomination, God concepts andchildrearing practices on young children's God concepts.* Journal for the scientific study of religion, v.43, n.4, p. 519-535, 2004.

DICKIE, J. R. et al. *Parent-Child relationship and children's image of God.*Journal for the Scientific Study of Religion, v.36, n.1, p. 25-43, 1997.

HARRIS, P. L. et al. *Germs and angels: the role of testimony in young children's ontology*. Development Science, v.9, n.1, p. 76-96, 2006.

RICHERT, R. A.; BARRETT, J. L. *Do you see what I see? Young children's assumptions about God's perceptual abilities.* The international journal for the psychology of religion, v.15, n. 4, p. 283-295, 2005.

RIOS, A.M.G. *Um estudo junguiano sobre a imagem de Deus na infância dentro da tradição cristã*. Dissertação de Mestrado PUC-SP, 2008.

RIZUTTO, A. M. *The birth of the living God*. London: The University of Chicago Press, 1979.

CAPÍTULO 7

ADOÇÃO
Um encontro amoroso e desafiador

IZABEL SKAFF AYUB FERREIRA

> *...Mesmo aqueles que geramos estão à espera de que os adotemos afetivamente como filhos para que se estabeleça uma convivência fundada na confiança e no mútuo acolhimento* (Schettini, L.F).

Para mim a vida é a arte do encontro. Nesta arte, o dar e o receber podem entrar numa harmoniosa e amorosa dança.

Há muitos anos interesso-me por um encontro singular e sagrado: o encontro entre crianças adotadas e famílias adotantes.

Muitos são os motivos que levam uma mãe biológica ou mãe de origem, a entregar seu filho para ser cuidado por outra família. Da mesma forma, diversos são os motivos que levam uma família a escolher adotar uma criança.

Abordarei a seguir aspectos ligados às dores das crianças adotadas, ao sofrimento da mãe que doa seu filho e da mãe que busca um filho por adoção. Também apresentarei desenhos que mostram sentimentos e desafios destas crianças.

A mãe que doa seu filho carregará os efeitos desta separação, ainda que tenha sido uma escolha pessoal. Esta ruptura gera sofrimento tanto na mãe como no filho, que precisarão reparar este trauma ao longo da vida.

A dor da ruptura certamente causará uma tensão no corpo e na alma. Mesmo quando não conseguimos nomear esta dor, ela atuará vida afora e se expressará de várias formas: tristeza, ansiedade, insegurança, agressividade, falta de confiança ...

É de suma importância lidarmos com o motivo da busca de uma criança para adoção. Precisamos nos questionar com transparência e honestidade o que desejamos com este ato.

Esta criança preencherá um espaço de compartilhamento de amor?

Ou a adoção se dará pelo fato de um os adotantes não ter podido gerar um filho biológico?

Ou buscamos uma adoção para preencher o espaço de um filho perdido?

Ou esta criança virá como tentativa de manter vivo um casamento desgastado?

Muitas perguntas poderiam ser feitas. Cada um deve procurar em seu espaço interior esta indagação, pois certamente terá que lidar com ela para que uma nova família possa se constituir.

Se faz necessário ter clareza do ato da adoção, o porquê estamos buscando esta experiência de tanta responsabilidade, para depois acolhermos esta criança em um útero amoroso e acolhedor, um cálice sagrado onde a alquimia do amor possa atuar.

Os filhos por adoção precisam confiar no acolhimento que não visa apagar quem a criança é, pois esta criança nunca poderá preencher o espaço vazio desta família, nem poderá ser o filho idealizado pelos adotantes.

Uma criança que foi separada da mãe de origem carrega em sua memória muitos elementos como o som, o ritmo dos batimentos cardíacos da mãe, seu timbre de voz... uma vez que viveu uma fase de sua formação no ventre materno, assim como carrega sua herança genética.

Na fase embrionária, o corpo da mãe é o mundo no qual a criança vive e neste ambiente não só recebe nutrientes que precisa para se desenvolver fisicamente quanto impressões sensoriais difusas vividas pela mãe e pelo seu entorno.

A vivência de prazer e desprazer da mãe durante a gestação e tenra infância é sentida fortemente na criança.

Hoje sabemos que no hemisfério direito do cérebro estão todas as memórias registradas deste período e que vão atuar por toda vida. Portanto a criança adotada, como todos nós, carrega impressões que influenciarão seus sentimentos, suas ações e suas escolhas.

Negar a existência destas memórias impressas na psique da criança ou impedir que estas sejam manifestadas de alguma forma, dificultará a possibilidade de acolhimento e adaptação a uma nova realidade.

A dor da separação atinge o mais profundo de nossa alma, perturbando nossa paz interior e criando ruídos para novos contatos.

Todo ser humano carrega sua herança genética e ambiental que certamente influenciarão suas vivências, porém, felizmente também carregamos a possibilidade de entrar em contato com experiências edificantes e construtivas, capazes de possibilitar novos caminhos e novas escolhas.

Vivenciar a dor e mesclar esta vivência com alegrias e prazer, criará a possibilidade de ressignificar a trajetória de sua vida.

A mudança da vinculação inicial da mãe de origem para um novo vínculo com a família adotante, processo bastante complexo, acontecerá de maneira saudável psicologicamente através de um acolhimento afetivo que requererá serenidade, resignação, calma, consciência, sabedoria e esperança de ambos os lados.

A garantia do amor e principalmente do amor incondicional é o elemento primordial para que esse vínculo se consolide.

A busca de ajuda tanto para a criança como para a família é de grande utilidade. Há grupos de apoio à adoção e pós-adoção que fazem este trabalho com muito amor e competência.

A criança adotada traz uma história cujo prefácio já está escrito e cada criança expressará sua dor de forma única.

Como podemos perceber os sentimentos desta criança e do que necessita para continuar escrevendo sua biografia da melhor forma possível?

Na minha prática profissional como terapeuta infantil e terapeuta de família, observo estes sentimentos através dos desenhos, pinturas, esculturas enfim de todas as expressões artísticas e verbais.

A expressão artística é uma prática espontânea e deve ser

feita livremente. Assim podemos entrar em contato com camadas profundas do ser ainda não trazidas à luz da consciência, ainda impossibilitadas de serem nomeadas e ou expressas verbalmente.

Assim como cada um de nós tem uma impressão digital única, as expressões artísticas são singulares e sempre nos contam uma história original. Para ouvi-las e assim auxiliar a criança, faz-se necessário abrir em nosso coração um espaço de escuta para podermos ouvir a história contada, não a história que gostaríamos de ouvir. Com o tempo... outras histórias poderão ser contadas.

Compartilharei com vocês desenhos onde perceberemos alguns sentimentos, desafios e dores vividas por estas crianças.

Agradeço muito à criança e à sua família por me permitirem compartilhar este precioso conteúdo.

Estes desenhos são de uma criança que traz consigo uma imensa dor causada pela separação e abandono, especialmente por ter sido o único filho entregue à adoção. A mãe por adoção também carrega uma dor, a de não ter podido gerar filhos.

São dois seres, dois universos repletos de memórias conscientes e inconscientes que neste encontro poderão ou não curar suas feridas. Um ousado desafio!

Este desenho fala por si só:

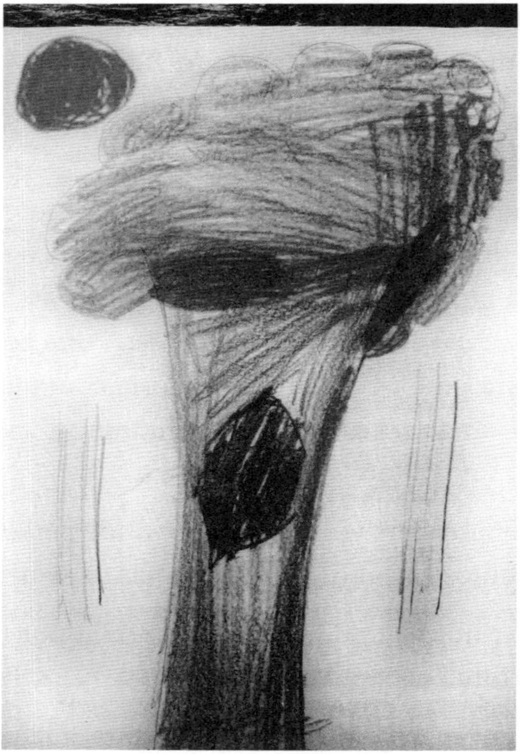

A criança, após ter terminado seu desenho, conta o que está se passando neste ambiente:

- "Esta árvore está num lugar público, junto com outras árvores e que vai viver muito. Esta mancha escura no caule é um buraco de pica-pau. O pica-pau não tem onde morar. A árvore convidou o pica-pau para que ficasse, pois ela também se sentia muito sozinha e assim se tornaram amigos."

Diz também que atrás da árvore tem um rio.

Aqui a criança fala do espaço perdido deste tronco, de um buraco...escuro e profundo e também do acolhimento ao pica-pau que não tinha onde morar. Uma ajuda mútua.

O rio é uma imagem simbólica que aparece muito nas produções desta criança, nos fala do fluir das águas, da fertilidade, da constante renovação, marcando a paisagem com sua correnteza.

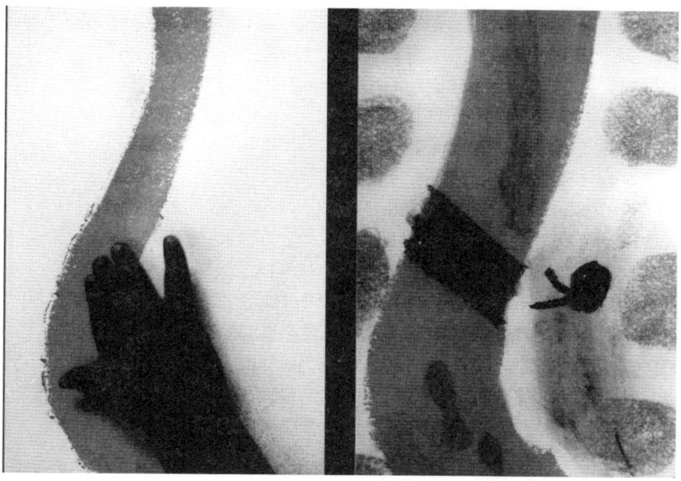

Neste segundo desenho a criança escolheu expressar-se com giz pastel azul e fez este rio com tanta delicadeza que parecia estar acariciando o papel. Depois fez o chão, a ponte, as árvores e uma pessoa com giz preto, numa das margens do rio, próximo à ponte. Suas mãos ficam impregnadas com o azul das águas deste rio.

E continuando em silêncio levantou-se, dirigiu-se a lousa e desenhou uma gestante.

Ele fez este desenho no mais absoluto silêncio. Apenas olhava para mim para ver se eu estava atenta.

A presença atenta e silenciosa, o interesse genuíno a tudo que a criança faz é importante tanto para a criança como para quem observa. É uma comunicação não verbal nutritiva e enriquecedora.

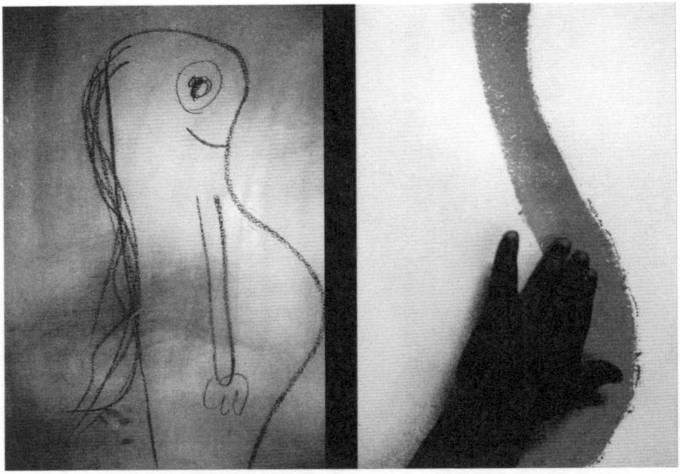

Observando ambos os desenhos, feitos num silêncio tão audível, percebi que a curvatura do rio e a curvatura do ventre da gestante eram absolutamente iguais.

De fato, esta criança precisará construir e atravessar uma ponte que ligará o útero biológico ao útero afetivo e em liberdade honrar estas duas origens.

A criança sempre expressa seus sentimentos através dos desenhos, gestos, histórias, doenças... A habilidade que precisamos para interagir com estas manifestações, para que se crie um espaço relacional transformador é uma escuta sensível, um olhar acolhedor.

Muito interessante este quarto desenho.

Observem este vulcão em erupção e o caos. O nome dado a este desenho foi: a origem do mundo.

Aqui a criança expressa o início do mundo para ele.

Como será este mundo?

Um vulcão que entra em erupção nos traz mensagens do que acontece nas entranhas da terra.

Atividades no interior da terra provocam a ascensão do material magmático para a superfície, liberando o calor interno acumulado por muito tempo. Quando a lava resfria gera um terreno fértil para a agricultura, mas obviamente antes disto destrói tudo por onde passa. Assim também essa criança entrava em erupção tanto na enurese (incontinência urinária) quanto nas explosões de raiva. Quebrava seus brinquedos, arrebentava seus armários... tentava até agredir fisicamente. Depois sentia-se triste e culpado.

Estas expressões não são expressões agressivas, embora muitas vezes possam parecer... na verdade, são pedidos de socorro.

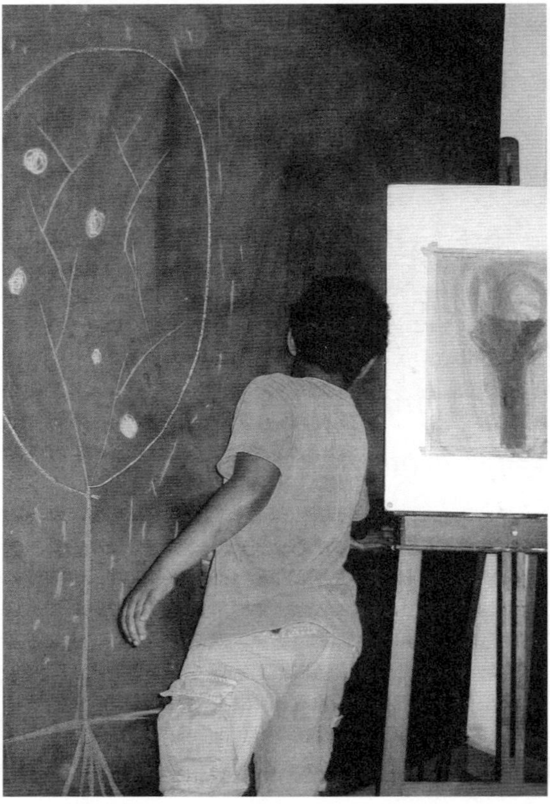

Observem esta árvore bifurcada internamente. Quem de fora observa não vê este detalhe, mas o adotado sempre terá que lidar com suas duas origens, a biológica e a afetiva. Ambas pertencem ao mesmo tronco. Os frutos que esta árvore produzirá virão destas duas vertentes.

Não podemos ocultar a herança que este ser carrega.

Acolhê-las, integrá-las, respeitá-las, constroem caminhos possíveis e espaços de pertencimento.

Precisamos entrar em contato com os sentimentos que se expressam por "choros sem motivos", "enurese sem causa clínica", explosões de raiva "do nada" e outros comportamentos.

As crianças adotadas já receberam um grande não em sua vida, sempre sentido como abandono, como exclusão. São dores da alma e do corpo!

Respeitar estas dores, dar lugar a elas e reorganizar o fluxo da vida são os desafios desta criança e de sua família.

Tudo tem um valor. Tudo está ligado e tudo é interdependente.

Criar pontes entre o hemisfério direito e esquerdo; entre a origem biológica e afetiva; entre o passado e o presente; tirar os véus da ilusão e do desconhecimento de nossos olhos; dar lugar a todos os acontecimentos vividos é uma arte. A arte da vida em constante evolução.

As dores trazidas pelas crianças assim como sua força; as dores e a força das famílias que doam e as que adotam, podem nos conduzir a um espaço de ajuda mútua, um espaço de amor, sem o qual nada pode ser construído. Esta é uma tarefa fácil? Altruísta? Certamente não, porém perfeitamente possível e necessária!

REFERÊNCIAS BIBLIOGRÁFICAS

-Associação Acalanto - grupos de mães e crianças.

-BERTARTE, R. *Adoção - como alcançar o sucesso.* Editora Conexão Sistêmica, 2016.

-ELDRIGDE, S. *Vinte coisas que filhos adotados gostariam que seus pais adotivos soubessem.* Editora Globo, 2004.

-FIGUEIRÊDO, L. C. B. *Adoção para homossexuais* Editora Juruá, 2015.

-LEVINZON, G., K.; LISONDO, A. D. Adoção- *Desafios da contemporaneidade* Editora Edgard Blucher, 2018.

-MANSUR, L. H. B. *Sem filhos: a mulher singular no plural,* Editora Casa do Psicólogo, 2003.

-SCHETTINI, L. F. *As dores da adoção,* Editora Juruá, 2017.

-SCHETTINI, L. F. *Pedagogia da adoção- criando e educando filhos adotivos,* Editora Juruá, 2017.

-SCHETTINI, L. F. *Pedagogia da convivência- práticas das relações sociais,* Editora Juruá, 2015.

-WEBER,,L.N.D. *Adote com carinho- um manual sobre aspectos essenciais da adoção,* Editora Juruá, 2015.

-WEBER, L.N.D, *Laços de ternura- pesquisas e histórias de adoção,* Editora Juruá, 2011.

CAPÍTULO 8

A INTEGRAÇÃO FISIOPSÍQUICA NA PSICOTERAPIA INFANTIL DE ORIENTAÇÃO JUNGUIANA: A CALATONIA E OS TOQUES SUTIS

ANA MARIA RUSSO

E uma mulher, que segurava um bebê no colo, disse:
Fala-nos dos Filhos.
E ele disse: Vossos filhos não são vossos filhos.
São os filhos e as filhas do desejo da Vida por si mesma.
Eles vêm através de vós, mas não de vós,
E apesar de estarem convosco, não pertencem a vós (KHALIL GIBRAN).

1. MARIA[1], OU DO RENASCER POR MEIO DO CORPO

Maria chegou ao consultório aos 6 anos de idade, encaminhada pelo neuropediatra. Apresentava sintomas como comportamento opositor, crises de sonambulismo e outros distúrbios do sono. Antes do diagnóstico dado pelo médico, era considerada uma aluna distraída pelos professores da escola. Costumava ter momentos de silêncio, como que olhando para o infinito, absorta, ausente; mas era na relação com sua mãe que sua atitude hostil despontava e se acentuava. A criança costumava contestá-la em seus pedidos, ignorá-la e provocá-la por meio de suas ações.

1. Todas as envolvidas neste relato forneceram sua permissão para que suas histórias aqui aparecessem. Seus nomes foram substituídos por codinomes no intuito de preservar suas identidades.

Desde as primeiras sessões, Maria me propôs um jogo dramático que viria a se repetir com frequência em nossos encontros: ela faria o papel de filha e eu, o de mãe distraída. A cada sessão, convidava-me a entrar novamente no jogo. Ora eu era uma mãe que dava banho na filha e, por desatenção, deixava a bebê cair e quase se afogar; ora Maria dizia "Agora eu estava no berço chorando muito, com fome. Você demora, mas uma hora chega e me traz a mamadeira. Eu tomo o leite e no final engasgo, fico sem ar e quase não respiro". Após os momentos mais dramáticos da história, cabia sempre a mim continuar a encenação conforme quisesse. A seu modo, Maria abria espaço para que eu pudesse dar novos desfechos às suas narrações e ajudá-la a ressignificar aquilo que sentia.

Além de acompanhá-la em seus jogos, procurava fazer uso de duas abordagens que sempre nortearam minha atuação como terapeuta: a Calatonia e os Toques Sutis. Criados pelo médico húngaro Petho Sándor, imigrado no Brasil após a Segunda Guerra Mundial, a Calatonia e os Toques Sutis envolvem uma série de estímulos suaves que visam ao relaxamento e à regulação fisiopsíquica da criança. Mas ainda não é o momento de explicar em detalhe do que se trata; voltaremos mais adiante sobre assunto. Por enquanto, basta dizer que eram muitas as vezes em que, ainda investida no papel de mãe, eu aplicava a Calatonia e os Toques Sutis na Maria. Por exemplo, quando ela perdia o fôlego, eu a acalmava respirando fundo junto com ela; quando chorava, a tocava levemente com os dedos, fazendo o movimento de uma "vassourinha", ou pequenos "laços", ou ainda "batidinhas" ao longo dos braços, costas e pernas do "bebê

Maria". Na época desse atendimento, foi um privilégio contar com a orientação de Sándor, que sempre me dizia: "Aplique sossegadamente os Toques Sutis, seguindo os desejos e os pedidos da criança durante o jogo dramático". Rápida e instintivamente, Maria foi aprendendo os toques que ajudariam a "salvá-la" de uma possível situação de perigo, a acalmá-la e confortá-la.

Assim, entre palavra, corpo e emoção, construíamos nossas histórias. Aos poucos, com a ajuda dos toques e da encenação dos roteiros propostos por ela, Maria ia entendendo e sentindo seu contorno corporal e psíquico, enfrentando seus medos em um ambiente seguro e coerente. Meu papel de "terapeuta-mãe" era sempre o de acolhê-la e ajudá-la a se entender, inclusive para além do papel de filha, cujo destino tinha sido definido, até então, em função das ações de sua mãe.

Não à toa, a relação mãe-filha era conflituosa. Luiza, mãe de Maria, tinha dificuldades para entender o comportamento da filha e havia procurado ajuda em lugares distintos antes de chegar à terapia. A história da gravidez de Maria tinha sido muito dolorosa. Foi durante esse período que Luiza descobriu a traição do marido. Além da situação peculiar e emocionalmente complexa pela qual essa mãe tinha passado, ela também aparentava ter uma relação com a maternidade bastante focada no que significava, aos olhos da sociedade, exercer um papel de mãe. Em outras palavras, Luiza tinha para si um "dever social" a cumprir enquanto mulher: o dever de "ser mãe", ainda que, talvez, carecesse dos recursos necessários para desenvolver uma relação de afeto com aquela que a colocava nessa função, isto é, Maria.

De alguma maneira, afetadas por essa dinâmica, tanto mãe quanto filha não se sentiam atendidas nas suas necessidades individuais.

Para mim, também não foi uma experiência fácil. Nas minhas conversas com Sándor, eu lhe perguntava muitas vezes quanto tempo ainda teria que fazer o papel de "terapeuta-mãe", qual seria o desfecho das histórias propostas por Maria, para onde e até onde essa encenação nos levaria - havia, de minha parte, uma inquietude diante do processo -, ao que ele sempre me respondia: "Trabalhando com os Toques Sutis, observe o desmontar e remontar, dissolvendo assim certas cristalizações. Observe os sentimentos que surgem na relação e como vocês se sentem afetadas".

Em outras palavras, Sándor me direcionava a acompanhar as vivências da criança para reestruturá-las e ressignificá-las aos poucos, no tempo necessário à Maria. A ideia da cristalização referia-se aos comportamentos e sentimentos arraigados, tais como a carência, a dureza e a falta de sintonia com o outro, estabelecidos ao longo do tempo como resposta às experiências difíceis vivenciadas por aquela criança. A terapia deveria criar um espaço para transformar o que havia sido vivido de forma traumática e contribuir para que tal experiência pudesse ser "remontada" de outra maneira, como Sándor dizia.

Após meses de trabalho conjunto, um dia Maria chega muito animada à sessão e me diz: "Hoje vamos fazer uma coisa diferente!". Fui ali invadida por uma enorme sensação de alívio: será que teríamos finalmente elaborado o que era necessário para aquela criança começar a traçar novos caminhos de vida?

Maria continua:

— Desta vez você não se distrai e me arruma para a escola, prepara meu café da manhã, faz o lanche bem gostoso para a hora do recreio, e me leva para o colégio.

Não consigo conter minha animação frente à possibilidade de um roteiro um pouco mais leve dessa vez. Ela logo percebe meu alívio e fala:

— Ainda não terminei... Depois das aulas você vai me buscar. Eu vejo você do outro lado da rua, fico feliz e corro para te abraçar. Atravesso a rua e nessa hora um carro vem e me atropela, eu caio no chão e morro.

Ficamos as duas em silêncio, encarando a gravidade da história. Quando pergunto o que gostaria que acontecesse em seguida, ela me responde: "Essa parte da história você continua". Pois bem.

Damos início ao nosso teatro mais uma vez. Sigo o *script* proposto por Maria até o momento do atropelamento. Quando finalmente a vejo caída no chão, meu coração se acelera e me ajoelho, emocionada. Ponho Maria no colo e suavemente sopro três vezes na direção do seu coração. Ela imediatamente abre os olhos, sorri e fala: "Pronto, agora que eu nasci de novo, não precisamos mais dessa brincadeira".

A história da Maria nos revela como a criança carrega consigo não só a sua trajetória pessoal, mas também o peso dos relacionamentos com a família, que impedem, às vezes, o desenvolvimento mais livre de sua existência e o descobrimento de seu lugar no mundo.

Após a encenação de seu "renascimento", Maria começou espontaneamente a reproduzir em sua família os toques que havia recebido em seu próprio corpo ao longo do processo terapêutico. Os movimentos aprendidos dentro da nossa sala estenderam seus limites e passaram a ser também aplicados na irmã, na mãe e no pai, o que aos poucos provocou uma mudança positiva na dinâmica do núcleo.

Diante da constatação de que as dificuldades emocionais enfrentadas por Maria não eram apenas suas, mas também de seus pais, sugeriu-se, nessa fase, um trabalho de terapia para o casal. É importante compreender que os filhos, especialmente quando pequenos, sofrem influência da atmosfera psíquica dos pais e da família. Com isso, tendem a ser impactados por esse ambiente, seja de modo positivo, em famílias nas quais há equilíbrio suficiente para que a criança não se envolva nos conflitos dos pais, seja de modo negativo, como estava acontecendo com Maria em sua complexa dinâmica familiar.

A investigação e enfrentamento dos problemas do casal abriria caminho para Maria libertar-se de suas amarras emocionais e ter um espaço mais amplo para focar suas próprias questões. À vista dessa necessidade latente familiar, os pais compreenderam a importância de iniciarem também um processo terapêutico. Jung discorria justamente sobre a delicadeza dessa relação:

> *Se vocês estão sempre preparando a felicidade dos filhos, não saberão como procurar sua própria felicidade, e seus filhos não aprenderão como procurar a deles. Vocês pensam que a felicidade é alguma coisa a ser alcançada no futuro, que vocês não podem alcançá-la, mas que seus filhos a terão. As crianças crescem e recebem esse infeliz ensinamento (JUNG, p. 144).*

Jung (1988, p. 144). acrescenta que "se, ao contrário, vocês vivem simplesmente e procuram ser vocês mesmos, tão felizes quanto possível, vocês deixam as melhores condições para seus filhos".

Certo dia, Maria me pergunta se poderia convidar a mãe para uma de nossas sessões. Entendendo que a terapia é o lugar no qual o desejo tem a possibilidade de ser realizado, abri espaço para que a vontade de Maria acontecesse. O convite foi prontamente aceito por Luiza. No dia em que vieram ao consultório, mãe e filha decidiram que fariam uma sessão de culinária. Maria escolheu fazer uma pizza. Era claro que, no fundo, já tinha a intenção de aplicar na mãe o "relaxamento-pizza", uma sequência de Toques Sutis inspirada no trabalho de Sándor. Assim o fez, enquanto uma pizza, preparada pelas duas, assava no forno.

A seu modo, Maria soube proporcionar à Luiza as sensações positivas que aqueles toques lhe provocavam. Tocando as costas da mãe, Maria simulava os movimentos de quem faz uma pizza: misturar a água e a farinha, abrir a massa com um rolinho, adicionar os ingredientes e até finalizar com um fio de azeite. Luiza soube entrar no jogo e, com criatividade, ao tocar as costas de Maria, inventava significados para as cores dos ingredientes que acrescentava à massa da pizza: o vermelho do tomate seria o coração, o branco da mozzarella, a paz, o dourado do azeite, a alegria.

Logo, o aroma que invadia a sala indicava que a pizza já estava pronta, trazendo-nos de volta à concretude daquele encontro. Pudemos então saborear o resultado daquele processo nos momentos finais da sessão. Naquela oportunidade, por meio de uma interação amorosa e espontânea, mãe e filha puderam estabelecer uma sintonia adequada e experimentaram uma nova maneira de estarem juntas.

Maria era, sem dúvida, mais do que seus diversos sintomas – que já haviam então melhorado significativamente –, e soube se apropriar desse fato de modo tão nítido que afetou também a postura e a vida de sua mãe. Luiza, que antes relatava ter crises frequentes de enxaqueca, percebeu sua diminuição. Também passou a se permitir exercer uma nova dinâmica de maternagem, construindo com Maria uma relação na qual as garantias de proteção e segurança estavam presentes e eram coloridas por uma afetividade que atendia e respeitava as necessidades de ambas, mãe e filha.

Luiza e Maria aprendiam a lidar com as adversidades e vicissitudes da vida, cada uma a seu modo, ativando sua capacidade de resiliência. Desde os primeiros estudos realizados na área da saúde mental, a resiliência é definida como a capacidade latente para se curar e a aptidão para conferir novos significados às reviravoltas da existência. De acordo com Araujo (*apud* ARAUJO;, 2018, p. 640), "a resiliência implica ressignificar o evento adverso que causou o desequilíbrio, considerando-o uma possibilidade de desenvolvimento, de individuação e uma oportunidade de fortalecer o vínculo com a vida".

Em meu consultório, há uma espécie de telhado no qual Maria gostava de se sentar e conversar antes de finalizarmos alguma de nossas sessões. Certa vez, sentada ali, ao olhar o céu e os raios de sol que passavam entre os galhos e as folhas das árvores, ela disse que via e sentia que tudo tinha um colorido mais bonito e decretou: "Os toques são como uma mágica!". Eu pedi para que me explicasse como era que sentia essa tal "mágica", e assim Maria os definiu: "Os toques me acalmam e quando você me diz para escolher as cores para os "laços" nas minhas costas, meu corpo fica colorido e tudo em volta também. Uma sensação boa e de leveza, que me acompanha mesmo quando saio daqui".

Fica nítido como a criança sabe, percebe e sente que o trabalho terapêutico mobiliza algo verdadeiro no seu mundo interno que já pertencia a ela e que é fundamental na trajetória do seu desenvolvimento.

De fato, nada é assegurado ou garantido na psicoterapia, não há regras precisas ou estratégias infalíveis, mas com coragem, tentamos sempre abrir novos caminhos, mantendo a esperança de levar a criança a um estado de equilíbrio e harmonia consigo mesma e com o mundo. É preciso ter um certo equilíbrio e estar abertos ao inesperado, para captar seu poder transformador. Como bem dizia José Castello (2015, p. 11), a respeito do poeta Manoel de Barros, "sem uma boa dose de desrazão, não se consegue fazer arte". Nós, terapeutas de crianças, bem sabemos que sem desrazão, não fazemos arte na terapia.

2. A CALATONIA E OS TOQUES SUTIS

A Calatonia e os Toques Sutis são métodos terapêuticos criados pelo médico húngaro e psicólogo Petho Sándor. Durante a Segunda Guerra Mundial, Sándor trabalhou em hospitais e campos de refugiados com pacientes com queixas neuropsiquiátricas e psicológicas, em um período em que havia grande escassez de medicamentos, em especial de analgésicos. Foi nesse contexto que começou a criar o método da Calatonia, que consistia em uma sequência de toques sutis nos pés ou nas mãos, terminando com um toque feito com as mãos em concha, dando apoio à cabeça[2].

A palavra Calatonia vem do verbo grego *khalaó*, que indica não apenas uma sensação de relaxamento, mas também de afastamento dos estados de ira e violência. Significa ainda abrir uma porta, desatar amarras, deixar ir, perdoar os pais,

2. Deter-me-ei mais a fundo, neste capítulo, nos Toques Sutis desenvolvidos por Petho Sándor e adaptados por ele e por seus discípulos para a psicoterapia infantil. Para uma descrição mais detalhada da sequência de toques da Calatonia, veja-se, em particular, o trabalho de Fernando Nobre Cortese (2008) e o website http://www.calatoniabrasileuropa.com.br/

retirar os véus. A Calatonia e os Toques Sutis constituem uma abordagem corporal não invasiva e eficiente na promoção de comutações neurofisiológicas que atuam no equilíbrio das funções do corpo físico, emocional e mental.

Sándor mudou-se para o Brasil no ano de 1949. Desembarcou na Ilha das Flores, Rio de Janeiro e, em seguida, veio com sua família para São Paulo. Como professor na Pontifícia Universidade Católica e no Instituto Sedes Sapientiae; e em sua prática clínica, dedicou-se ao estudo da Integração Fisiopsíquica, pesquisando, com base na teoria de Jung, a relação do corpo com o desenvolvimento da consciência, bem como os significados dos sintomas e das repercussões das vivências traumáticas no corpo físico e psíquico. Sándor também participou ativamente da adaptação da Calatonia e dos Toques Sutis para a psicoterapia infantil.

Atualmente, por meio das pesquisas mais modernas na neurociência, podemos compreender o valor e a importância da Calatonia e dos Toques Sutis na psicoterapia infantil de orientação junguiana. Trata-se de uma abordagem de autorregulação fisiopsíquica, ou seja, de um processo que não é focado na tentativa de cura de um sintoma específico, como as deficiências somáticas ou psicológicas, tampouco se destina à obtenção de resultados precisos e mensuráveis.

> *[...] a Calatonia não é uma abordagem intervencionista, mas uma técnica que medeia o estado geral de bem-estar e os estados autorregulados pelo corpo. Ela promove a reorganização e o*

fortalecimento dos mecanismos de autorregulação que se estendem em direção à regulação do cérebro e à regulação diádica com o terapeuta (BLANCHARD).

O aspecto psicológico mais importante da natureza dual-integrativa do toque no contexto da psicoterapia infantil é permitir que a criança vivencie seus limites físicos e perceba a qualidade da presença do outro, obtendo consciência dos estímulos ou do ambiente. Por meio de experiências consistentes de bem-estar em um ambiente seguro e acolhedor, a criança adquire autoconfiança e desenvolve a sua capacidade de resiliência e adaptação.

A Calatonia e os Toques Sutis atuam nos planos:

• Físico - com relaxamento e descontração muscular; e regulação de funções neurovegetativas.

• Emocional - relaxamento e regulação do tônus afetivo; e reorganização do fluxo da energia psíquica e das emoções.

• Mental - Regulação do tônus mental e ressignificação de padrões e estruturas de pensamento.

Como bem aponta Schore (2003, não paginado), "a interação entre os processos neurofisiológicos internos e as experiências interpessoais são responsáveis pela promoção do desenvolvimento da criança e de sua capacidade de simbolização".

É interessante que, após as sessões da Calatonia, os conteúdos que surgem nos relatos da criança, tais como imagens, fantasias, sonhos e ideias abstratas, sejam integrados às sessões por meio de jogos dramáticos, desenhos ou pinturas. A experiência de um toque gentil e passivo em pontos muito precisos das mãos e dos pés fazem da Calatonia e dos Toques Sutis instrumentos altamente valiosos, no qual os receptores táteis e os proprioceptores cutâneos estão envolvidos e desempenham um papel crucial no desenvolvimento afetivo-emocional e cognitivo.

Entender que a pele consiste no envelope no qual o corpo está contido, que é por meio dela que estabelecemos pontos de contato de nosso mundo interno com o mundo externo, permite-nos compreender melhor como se dá a atuação da prática. A função psicológica da pele se assemelha a uma função de sustentação. "A pele é experimentada tanto como um recipiente de experiência psicológica, quanto como uma bainha que une a psique primitiva e o corpo" (BICK, 1968, não paginado).

Há muitas maneiras de conduzir esses toques. É importante, contudo, ressaltar que os movimentos aqui sugeridos não propõem uma reprodução técnica e fria, mas devem ser propostos a partir da relação terapeuta-paciente e das necessidades que emergem com a sensibilidade desse encontro. É preciso ver as crianças como elas são, e não como queremos que elas sejam, sendo este o primeiro passo para qualquer aproximação e fortalecimento do vínculo terapeuta-paciente, permitindo que o trabalho criativo possa se expressar.

Muitas das sequências dos Toques Sutis podem ser realizadas com a criança deitada em um colchonete, em almofadas, em uma rede ou sentada em um balanço. Alguns dos toques possíveis que costumam ser feitos estão descritos a seguir:

- Varreduras: Fazemos deslizamentos com os dedos das duas mãos como se fossem pequenas vassourinhas, ao longo dos braços, mãos, costas, pernas e pés.

- Chuvinhas: Tocamos com a polpa dos dedos, tamborilando nas costas da criança como se estivéssemos colocando gotinhas de água.

- Laços coloridos: Idealmente, a criança repousa deitada em decúbito ventral, com os braços ao longo do corpo, com as palmas das mãos viradas para cima e a cabeça voltada para o lado que preferir. Contudo, esse toque pode também ser aplicado com a criança sentada no chão ou em um banquinho.

Trata-se de uma sequência de toques sutis que o terapeuta aplica ao longo da coluna vertebral da criança. Com o dedo indicador e polegar unidos, como se segurasse um fio ou uma fita, o terapeuta toca com ambas as mãos a primeira vértebra lombar da criança, fazendo uma pequena e sutil vibração. Em seguida, nesse ponto central da vértebra, sempre com a ponta dos quatro dedos unidos, inicia-se o desenho de um pequeno laço. Retomando ao mesmo ponto, inicia-se o desenho de um laço um pouco maior. Para concluir, do ponto central da vértebra, desliza-se com os dedos unidos de cada uma das mãos em direção ao lado externo das costas da criança, como se estivesse puxando os fios ou as fitas do laço para fora. A mesma sequência de movimento se repete vértebra por vértebra, até a 7ª vértebra cervical. O toque sobre as vértebras deve ser preciso e sutil.

Ao terminar os movimentos, podemos perguntar para a criança se ela prefere deixar os laços nas costas ou se prefere soltá-los. Podemos também sugerir à criança que ela escolha a cor desse fio ou fita. Para concluir a sequência, aplicamos um toque com as mãos abertas em concha sobre a cabeça da criança como se estivéssemos apoiando uma coroa.

Relaxamento-pizza – é uma reunião de toques sutis ensinados por Sándor, sendo justamente o toque escolhido na vivência de Maria com sua mãe. Nessa modalidade, a criança também permanece deitada em decúbito ventral, com os braços ao longo do corpo e as palmas das mãos viradas para cima.

Perguntamos à criança se ela nos permite começar os toques. Diante de uma resposta positiva, indagamos qual é a sua pizza preferida, para que a façamos. Enquanto fazemos a "pizza" no corpo da criança, é possível também falar ou cantar os nomes dos ingredientes. Iniciamos fazendo pequenas "varreduras" nas suas costas, área na qual a "pizza" será feita. Assim, com as pontas dos dedos, colocamos "gotas de água" e deslizamos os dedos suavemente pelas costas para misturar a "farinha". Depois, amassamos a "massa" com "água e farinha", segurando suavemente o músculo e a pele – podemos nesse momento cantar ou dizer "amassa, amassa a massa da pizza". Se a criança quiser, pode cantar também.

Finalmente, juntamos a massa no centro das costas e perguntamos: "Massa grossa ou massa fina?". Geralmente, quando a criança percebe que, ao pedir massa fina, significa que vamos passar o "rolinho" nas costas por mais tempo, ela tende sempre a pedir pela "massa fina". Esse "rolo" é feito com as mãos fechadas, imitando os movimentos do pizzaiolo para abrir a massa.

Com a "massa pronta", fazemos movimentos circulares para o disco da pizza pelo diâmetro das costas. Pincelamos "o disco da pizza" com "molho de tomates frescos" - com três dedos, indicador, médio e anular - e fazemos o "pincel" espalhando o molho. Com as palmas das mãos, fazemos leves batidinhas e colocamos a "mussarela". Com as pontas dos dedos formando um círculo, formamos também as "rodelas de tomates". Com a ponta do polegar, as "azeitonas". Com a ponta do dedinho, "ervilhas" ou "milho". Com os cinco dedos juntos, acrescentamos "presunto", "atum picadinho" ou "brócolis". Ao desenhar com as pontas dos dedos uma pequena meia lua, a "cebola". Acrescentamos "orégano" sem tocar na "pizza", fazendo com as pontas dos dedos um leve e suave som.

Para finalizarmos a "pizza", colocamos um fio de "azeite dourado", fazendo um oito deitado, que é o símbolo do infinito, para que você - falamos, nesse momento, o nome da criança - possa ser infinitamente feliz! Esse movimento começa na cintura da criança e o centro do oito deitado toca uma vertebra da coluna e vai subindo, terminando com a palavra "feliz" na sétima vértebra cervical, na qual fazemos uma sutil vibração.

- Asas de um anjo: Iniciamos esse toque sutil fazendo grandes varreduras na parte posterior do corpo: costas, braços e pernas até os tornozelos. Assim, preparamos o corpo para receber as asas, que são desenhadas a partir do centro da coluna vertebral, crescem até a altura da cabeça, descem até os pés e voltam para o centro da coluna vertebral – no meio das costas da criança, área na qual fazemos uma leve vibração. As asas são do tamanho do corpo da criança.

As sequências de Toques Sutis aqui descritas são formas abreviadas adaptadas para a psicoterapia infantil. Elas contemplam as características, singularidades e necessidades da criança, que, como foi dito anteriormente, devem sempre ser observadas com atenção. Para que o trabalho seja bem aproveitado, uma atmosfera de simplicidade, acolhimento, respeito e alegria é de grande importância.

Enquanto trabalho de Integração Fisiopsíquica, a Calatonia e os Toques Sutis devem ser sempre informados e explicados aos pais antes de serem inseridos nas sessões de psicoterapia. Além disso, antes da aplicação dos toques, é necessário pedir autorização para a criança, o que reafirma o respeito ao seu corpo e à sua individualidade e ao tempo de seu processo de elaboração.

Com o passar do tempo e desenvolvimento dos efeitos das sessões, a própria criança se apropria da técnica e entende suas necessidades individuais. Pudemos observar claramente essa tendência no caso de Maria, que aprendeu pouco a pouco sobre quais toques eram necessários para suas vivências na terapia. Não é incomum que uma criança chegue ao consultório dizendo "Hoje estou precisando das vassourinhas, ou da pizza, ou ainda das asas, das batidinhas...".

Momentos como esses, nos quais podemos presenciar o desenvolvimento da autonomia e autoconhecimento da criança, fazem com que constatemos novamente sua sabedoria inata. Afinal, é ela mesma quem deve desejar o que fazer na terapia e querer ter êxito no processo terapêutico. É a criança que nos conduz para o que ela precisa, e não o contrário. Dessa forma, cada sessão se torna uma espécie de aventura, na qual o terapeuta oferece um espaço, abrindo possibilidades para que o inesperado aconteça, sem que haja uma meta a se cumprir.

Pelo acúmulo de estímulos e experiências corpóreas positivas, contribuímos para a formação de uma imagem corporal consistente, o que favorece o delinear dos contornos da criança e possibilita o desenvolvimento de sua identidade.

Fazendo uma reflexão sobre o caminho analítico de Maria, percebemos o valor da abordagem corporal como uma ferramenta importante para a criação de um ambiente seguro e coerente, o que tornou possível a reparação das primeiras relações de apego - a relação do bebê/criança Maria com sua mãe, criando um espaço para o pensamento simbólico -, o centro da expressão criativa.

3. UM LUGAR ONDE DIZER "EU SOU"

Sándor enfatizava a importância de "cunhar o corpo" com trabalhos corporais, isto é, de plantar nele uma "semente". Os Toques Sutis podem evocar sensações, imagens e pensamentos positivos, contribuindo para a reparação dos padrões de apego e promovendo a ressonância emocional na psicoterapia infantil.

> [...] *a capacidade para a empatia do terapeuta começa com o conhecimento de seu próprio mundo interior e a consciência de como isso pode afetar sua capacidade de estar em sintonia com cada criança, em determinado momento de seu próprio processo de individuação. A solidez do eixo ego-self no terapeuta é a base que o disponibiliza e que o sustenta para ser capaz de ser continente para o processo restaurador que ocorre com a criança na psicoterapia* (SCUOPPO, 2012, p. 95).

Minhas observações no trabalho com crianças durante alguns anos revelaram que o desenvolvimento de atividades livres criativas com cores, jogos e brincadeiras exerce um efeito intenso sobre os dinamismos conscientes e inconscientes que atuam na vida da criança. A partir dessas práticas é que ocorre um encontro da criança consigo mesma, isto é, da criança com sua própria totalidade.

O prazer de brincar sobrepuja as barreiras daquilo que é considerado "útil" e da obrigatoriedade de cumprir papéis e de adquirir competências; e religa a criança às possibilidades de expressar todo o seu potencial criativo. Atualmente, em nossa sociedade, sabemos que o brincar tende a ser colocado desde cedo sob a exigência de uma *performance*, de um dever. A plenitude da fantasia e da espontaneidade e do brincar por si só ficam restritas a um campo utilitarista - como mudar de faixa no judô e de cor da touca da natação - e a um mero dispositivo funcional, muitas vezes desconectado das necessidades emocionais e dos prazeres da criança.

É diante desse panorama que a terapia com abordagem corporal - como aquela que se serve da Calatonia e dos Toques Sutis - adquire ainda maior importância. Trata-se de um espaço no qual a criança tem a oportunidade de se expressar livremente, sem julgamentos ou críticas, e pode, jogando e brincando, reviver e ressignificar emoções e sentimentos.

Quando iniciamos o trabalho, as tensões, limitações e inibições tornam-se logo evidentes. Emoções como tristeza, raiva e medo costumam ser manifestadas por meio de sintomas de ansiedade e insegurança em âmbitos diversos. Cabe ao terapeuta estabelecer um espaço de aceitação e respeito ao ritmo da criança nesse processo de elaboração de suas questões. Contudo, quando falamos de aceitação e respeito pelo tempo da criança, isso não quer dizer que sejamos conformistas. Ao contrário: dar vazão a esse processo é algo dinâmico e transformador, pois gera uma atitude de amor e receptividade com a fragilidade da criança para além de quaisquer julgamentos e tentativas de estabelecer rótulos.

Para a psicologia junguiana, a criança representa o novo, a espontaneidade, a criatividade e a liberdade. É função do processo terapêutico ajudar essa criança a recuperar ou aprender a vivenciar essas qualidades e a encontrar e expandir suas potencialidades, para que ela possa experimentar seu espaço enquanto criança, bem como seu espaço na relação com o outro, dando início a um processo transformador e fazendo com que ela encontre seu lugar, no qual ela possa dizer "eu sou".

Tenho recebido nos últimos anos a visita de jovens adultos que fizeram terapia comigo quando eram crianças. É interessante ouvir o relato deles e perceber como as sementes plantadas durante o desenvolvimento desse trabalho brotaram ao longo de suas vidas. As memórias daquele tempo parecem ainda marcadas em seus corpos e psiques. Alguns, logo ao entrar no consultório, voltam à infância, fecham os olhos e dizem: "Me lembro desse perfume dos eucaliptos". Eles têm memórias vívidas sobre as sessões: "Aterrissávamos em Júpiter, o planeta das crianças e das brincadeiras de herói do espaço intergaláctico." Ou ainda: "Lembro das pequenas fogueiras para queimar monstros atrevidos que teimavam em aparecer nos pesadelos, das canções inventadas enquanto dançávamos em volta da fogueira ou ainda do balanço voador que podia se transformar num foguete para viagens interplanetárias".

Recordam-se também dos recursos que adquiriram ao longo do processo terapêutico e de como souberam se apropriar daquilo quando lhes foi necessário em outros momentos da vida: "Quando me sentia angustiado ou inquieto, lembrava e fazia as batidinhas no 'osso das emoções', o osso esterno, dizendo para mim mesmo que tudo ia passar"; "O imaginário fio dourado desenhando o símbolo do infinito nas minhas costas despertava uma alegria no meu corpo, que me dizia que posso sim ser feliz!".

Relatam-me ainda sobre os efeitos posteriores das sessões, lembranças e sensações que permaneciam e extrapolavam os limites do consultório: "Como ficaram na memória as nossas conversas depois de algum relaxamento, pois todo o meu corpo podia se expressar - corpo e alma"; " Meu corpo é a minha principal casa, iluminada por uma energia amorosa que me dá a coragem para seguir a vida".

De fato, por experiências como a relatada no caso de Maria, e também a partir das histórias de pacientes que, décadas depois, ainda se beneficiam dos efeitos do processo terapêutico, podemos constatar que o trabalho de Integração Fisiopsíquica promove o equilíbrio necessário para que a criança possa seguir sua trajetória de vida com coragem, regulando seus sentimentos e acreditando na sua capacidade de superação e independência. A Calatonia e os Toques Sutis são evidências vivas de transformação que contribuem substancialmente para o trabalho virtuoso da psicoterapia.

Minha gratidão e reverência a Sándor, meu grande mestre. Meus agradecimentos a todos os pais pela colaboração e participação no meu trabalho com seus filhos. Aos meus pais, agradeço terem me ensinado que a felicidade se faz aqui e agora. Feliz ensinamento.

Para as crianças, de hoje e de ontem, o meu desejo de que

sejam felizes, agora e sempre.

> *Os símbolos do Self surgem nas profundezas do corpo e se expressam na materialidade tanto quanto a estrutura da consciência discriminadora. O símbolo é o corpo vivo, corpus et anima... Quanto mais arcaico e mais profundo, isto é, quanto mais fisiológico o símbolo, tanto mais ele é coletivo e universal, tanto mais material* (JUNG 2002, p. 173).

REFERÊNCIAS

ARAUJO, C. A.; ASSUMPÇÃO JR, F. B. *Resiliência na infância e na adolescência. In*: ASSUMPÇÃO JR, F. B; KUCZYNSKI, Evelyn. *Tratado de psiquiatria da infância e da adolescência.* São Paulo: Atheneu, 2018.

BICK, E. *The experience of the skin in early object-relations.* The International Journal of Psychoanalysis, Londres, v. 49, n. 2-3, p. 484-486, 1968.

BLANCHARD, A. *Calatonia: novos insights da neurociência.* Miami: Alma Enterprise, 2020.

CASTELLO, J. Manoel além da razão. BARROS, Manuel. *Meu quintal é maior do que o mundo: Antologia.* Rio de Janeiro: Alfaguara, 2015. p. 9-12.

CORTESE, F. N. *Calatonia e Integração Fisiopsíquica: histórias do Dr. Sándor*. São Paulo: Escuta, 2008.

GIBRAN, Khalil. *O profeta*. Porto Alegre: L&PM, 2002.

JUNG, C. G. A prática da psicoterapia. CW XVI/1. Petrópolis: Ed. Vozes, 1998.

________ . Os arquétipos e o inconsciente coletivo. CW IX. Petrópolis: Ed. Vozes,1998.

SÁNDOR, P. *Técnicas de relaxamento*. São Paulo: Vetor, 1974.

SCHORE, N. *Affect dysregulation and disorders of the self*. New York: Norton, 2003.

SCUOPPO, A. I. P. Os Toques Sutis na psicoterapia infantil. In: SPACCAQUERCHE, M. E. (org). *O corpo em Jung: estudos em Calatonia e práticas integrativas*. São Paulo: Vetor, 2012.

CAPÍTULO 9

INTERSUBJETIVIDADE E TEMPO

Reflexões sobre psicoterapia em jovens com algumas limitações

PAULO CORAZZA

Há pessoas que nascem ou se desenvolvem, já muito precocemente, com limites dados pela vida. As pessoas com quem trabalhei foram diagnosticadas com síndrome de Asperger (transtorno no espectro do autismo), outras eram limítrofes leves, outras sofriam de um embotamento afetivo importante e desenvolveram posteriormente um quadro esquizofrênico.

Desde muito cedo, apresentam dificuldades na interação social, alguns com poucos recursos linguísticos, outros sem comprometimentos nesta área, mas com uma fala pedante, estranha para o convívio social. Têm pouca capacidade de acesso ao mundo do imaginário, do simbólico. Habitam em um ambiente sem sutilezas, vividos em sua literalidade ("você me ensina a compreender as piadas que meus amigos contam; eu sei que é piada porque todos riem, e eu rio também só para mostrar que compreendi; mas na verdade não entendi nada"). Pessoas que se sentem estranhas no mundo, e muitas vezes são consideradas estranhas pelo próprio mundo. Não se sentem pertencentes ao próprio grupo. Se não pertenço, não sou.

Os trabalhos terapêuticos, em sua grande maioria, na minha clínica, são feitos com crianças e jovens que têm acesso ao mundo do imaginário, dos símbolos, realizado através de jogos lúdicos, desenhos, imagens, sonhos, jogos dramáticos. Paciente e terapeuta constroem uma relação consciente através destes recursos, mas constroem também uma relação invisível, um campo sutil, "campo de forças" (SCHWARTZ-SALANT 1992, p. 162), nesta relação eu-com-o-outro. Jung também fez uma breve menção a esta ideia e a denominou "inconsciente somático" (C G JUNG 1988, p. 442.); e dois psicanalistas, ROSER & BUCHHOLZ (1996, p. 308) a denominaram "matriz de intersubjetividade". Este campo é formado em qualquer momento afetivamente vivido e construído na relação, revelando uma possibilidade do encontro humano. Para Mario Jacoby (2010, p. 60), "o processo do desenvolvimento depende *da interação* entre a prontidão arquetípica e um ambiente facilitador" *(grifo meu)*. No encontro terapêutico existe uma participação ativa entre os participantes destes instantes, participação física e psíquica, corpo somático e corpo sutil, junto com os símbolos constelados nestes momentos.

Estas crianças vivem com muitos medos internos, sonham com monstros assustadores que as ameaçam, que as deixam frágeis diante destas vivências, e, ao mesmo tempo, são crianças tirânicas, onipotentes em sua vida consciente, com dificuldades, por vezes, nas relações com seus coleguinhas, em virtude destas dificuldades afetivas. Durante os trabalhos, muitos limites precisam ser dados, muitas tensões ocorrem em nossos encontros, muitos embates são vividos e é neste contexto que esta matriz de intersubjetividade pode ser construída; junto com ela, símbolos são constelados. Estes encontros ajudam a desvelar símbolos, um poder transformador que pode crescer e integrar as informações dadas pelo ambiente terapêutico. Estas crianças podem visitar os símbolos contidos nos jogos lúdicos, nos desenhos, nos sonhos revisitados, nas imagens surgidas. Vivem num mundo colorido, intenso, sofrido e desesperador por vezes, mas dispõem de um ambiente interno com muitos recursos para poder superar estas dificuldades afetivas.

Entretanto, com outros jovens, que possuem limites já dados pela vida, o acesso ao mundo do imaginário, do símbolo, é bastante precário, quando não inexistente. Vivem em um ambiente incolor, mais concreto, e tendem a se relacionar por imitação. As experiências são adquiridas de uma maneira racional, sem que os afetos estejam relacionados diretamente com o momento vivido.

As conversas terapêuticas com esses jovens adolescentes são mais dirigidas, muitas vezes focadas em determinadas situações concretas a serem apreendidas. Conversamos sobre:

• orientação espacial: como se orientar em um metrô, tomar um ônibus corretamente, pedir informações a outras pessoas;

• códigos sociais básicos: como lidar com a experiência do outro como fato social; por exemplo, como lidar com o desejo de ir à casa de alguém passar duas semanas, durante as férias, sem ter sido convidado; ou com o desejo de torcer por seu time favorito no meio da torcida adversária, vestindo a camisa do time e festejando o gol;

• percepção do próprio corpo: em virtude de um desenvolvimento prejudicado da própria imagem corporal, há jovens que desconhecem a própria força e podem machucar colegas, em um treino, por puro desajeitamento.

Eles aprendem racionalmente, emulando padrões que vivem através da relação com o terapeuta ou com os pais e professores. Ampliam o leque de seus recursos através desta colagem, como experiências "mecânicas", e não as relacionam com os estados emocionais presentes nos momentos vividos. A experiência da mais profunda relação-com-o outro inexiste, afetando o desenvolvimento de seu *eu* relacional. Com estas limitações, muitas vezes, eles não têm a sensação de afetar o outro, a vivência de serem autores de sua própria obra, o que os torna frágeis na relação com o ambiente.

A intersubjetividade, o campo de forças mencionado anteriormente, acompanha qualquer relação significativa, formada na sintonia afetiva vivida no momento das relações *eu-e-o-outro*. Mas, para estes jovens, o acesso ao inconsciente, via afeto, está interrompido, como se houvesse uma fissura psico-biológica na relação com si mesmo.

No entanto, algumas sementes de uma experiência eu-e-o-outro devem existir, mesmo em jovens com uma profunda fissura na relação com seu inconsciente. Esta afirmação é baseada em algumas experiências terapêuticas, nas quais reações afetivas inesperadas ocorreram, contrariando as expectativas teóricas que indicavam uma retração afetiva que impossibilitaria um contato com o inconsciente destas pessoas. Em minha opinião, a formação de um campo de forças com esses jovens, mesmo que parcial, pode ser estimulada pelo contato do terapeuta ou do cuidador com seu próprio inconsciente.

Permanecem sementes da afetividade em todas as pessoas, e eles propiciam a formação de uma vivência intersubjetiva que garante uma força relacional presente, construída ao longo do tempo. Estas sementes são geradas pela força da atenção, da escuta atenta, da presença constante do terapeuta, dos cuidadores, dos pais desses jovens.

Por vezes, a qualidade da escuta atenta desses jovens é tão importante quanto as informações ou as interpretações dadas. Ouvi relatos sobre alguns jovens bastante limitados, que eram extremamente agressivos com cuidadores que queriam obrigá-los a cumprir determinados protocolos pré-agendados (em uma escola, por exemplo). Os mesmos jovens, porém, não agiam agressivamente com outros cuidadores que cumpriam os mesmos protocolos, mas que privilegiavam uma escuta mais atenta ao momento em que aqueles pacientes estavam. Estes últimos cuidadores tinham mais paciência, perseverança e tempo para a escuta. Os jovens se sentiam mais confortáveis com eles porque suas limitações e dificuldades eram levadas em conta. Esses cuidadores sabiam que os jovens não estavam querendo "chamar a atenção" ou "manipular a situação para não aprender o que tinham que aprender". O germe da afetividade está contido no inconsciente desses jovens, embora não tenham acesso consciente a este material.

Um dos relatos me surpreendeu do ponto de vista teórico: houve um encontro desenvolvido e vivido através de uma fina sintonia afetiva, uma intersubjetividade construída e uma vivência afetiva "vivida" ou, como diz Schore (2019), "uma interação cérebro direito com cérebro direito entre um *eu* subjetivo e outro *eu* subjetivo". Teoricamente, a ressonância afetiva desse encontro seria altamente improvável, pois o jovem em questão tem uma fissura na sua relação com o inconsciente.

Esta matriz de intersubjetividade é construída no encontro destes inconscientes, penso que justamente através da escuta atenta, da persistência e da perseverança do terapeuta ou do cuidador ao longo do tempo. Não o tempo da consciência, mas do inconsciente, um tempo sobre cuja duração não temos o menor controle.

As condições necessárias para lidar com pessoas com estas características levam-me a um segundo aspecto de minha reflexão: a limitação do ser humano e a relação dos pais e dos próprios terapeutas e cuidadores com esta questão.

Vivemos em um mundo extremamente exigente, sob o ponto de vista social e intelectual, e esta exigência começa a aparecer desde a primeira infância, ao ir à escola, ao primeiro contato fora de seu ambiente familiar. Pessoas que se sentem estranhas no mundo e são tidas como estranhas pelo mesmo mundo precisam de um trabalho de inclusão para tentarem se sentir pertencentes. Se *eu* pertenço, *eu* sou. O processo de se tornar um ser único não se dá na solidão do deserto, mas neste mundo das relações. São jovens que necessitam ser cuidados em sua singularidade, desde muito cedo, para poderem desenvolver o maior potencial possível. Precisam ser acolhidos em suas limitações por todos que os cercam. Suas limitações são dados de sua existência e, se negadas, não os veremos como são e nem os ajudaremos a ver a si mesmos como são. A limitação é um padrão básico de sua psique (produto de uma psicobiologia particular), que traz as informações potenciais destas restrições humanas com as quais convivem.

Nós temos que entrar em contato com este padrão ao lidar com estes jovens, entendê-los, acolhê-los. Eles propõem um tipo de relação único e, se o aceitarmos, poderemos lidar com estas pessoas como elas são e ajudá-las, tentando estimulá-las para que possam superar alguns de seus limites iniciais.

Eu escrevi acima: "entendê-los, acolhê-los", como se fosse

uma tarefa simples e natural. Este trabalho nos obriga a estar face a face com restrições humanas e, principalmente, com nossos próprios sonhos, fantasmas e idealizações.

Cito alguns pais:

• "Eu esperei tanto pelo momento de gerar um filho, tinha tantos sonhos, e foi muito duro perceber, já quando ele tinha dois anos de idade, que eles não se realizariam. Eu quis desistir dele. Por que eu o tive? Minha vida fica paralisada pela sua existência e eu não vou deixar de viver por sua causa."

• "O que será de meus filhos quando eu morrer? Não posso adoecer, não posso parar de trabalhar."

• "Meu filho é muito inteligente. As pessoas que não conseguem perceber."

Não podemos esquecer que, no mundo animal, a cria limitada é abandonada em prol da subsistência do grupo maior. Refletir sobre estas questões pode nos ajudar a lidar com estes pais. É uma reflexão obrigatória se não quisermos apenas julgá-los segundo alguma crença psicológica, social ou religiosa.

Mas também existem algumas falas emitidas por nós, terapeutas: o trabalho psicoterapêutico junguiano não serviria para tratar destas pessoas (escondendo uma nossa dificuldade, talvez, de lidar com estas características humanas).

Ao encarar os limites, somos obrigados a lidar com nossa pretensa onipotência, com nossas frustrações diante do ideal do ilimitado, do eficiente e, principalmente, com nossos sonhos. Somos convidados a construir um novo arranjo de vida diante de uma inesperada realidade: cuidar de pessoas que terão dificuldades para serem independentes, autônomas; que necessitarão de nossa presença constante e talvez por toda a vida, como cuidadores e também como terapeutas. "Haverá invalidez e dependência para sempre ... talvez o próprio analista tenha se tornado uma muleta ... é algo legítimo ... não há nada alarmante nisto ... a dependência em si provavelmente deve sempre existir" (GUGGENBÜHL-CRAIG 1983, p. 102).

Ajudar os pais a encontrar um sentido para o novo fato dado pela vida, a acrescentar uma nova narrativa, com diferentes sonhos diante de uma inesperada realidade, é parte fundamental de nosso trabalho. Eis a fala de uma mãe: "Meu filho é a luz de minha vida. Ele veio ao mundo para que eu pudesse cuidar dele e aprender muito com a vida, sobre diversos caminhos. Abdiquei de muita coisa, foi muito duro, mas vale a pena. Mudei minha perspectiva sobre o humano".

A construção desta intersubjetividade, motor propulsor das possibilidades de transformação, se dá através do tato e do contato, da abertura de uma escuta atenta, da presença, de ouvir estórias, de contar estórias — e isto exige tempo. Não só o tempo físico, mas principalmente, o tempo subjetivo, não regido apenas pela consciência. O binômio espaço de intersubjetividade e tempo de contato é essencial para que se dê a construção de uma narrativa criativa e não apenas informativa.

Em 1936, Walter Benjamim já chamava a atenção para o fato de que estávamos perdendo a capacidade de ouvir estórias, de ter tempo para passar as estórias para a frente, enquanto abríamos mais nossa atenção para as informações. "A narrativa traz a marca do narrador, como a mão do oleiro no barro de sua obra" (BENJAMIN 2012, p. 221).

Nós, terapeutas, com nossos pacientes, os cuidadores e pais

com seus rebentos, os professores com seus alunos, todos nós imprimimos nossa marca, imprimimos, um no outro, nossas experiências, e esta impressão necessita de uma disponibilidade afetiva e de tempo para ser consumada. Esta matriz de intersubjetividade é uma marca potencial existente no humano, uma força transformadora potencialmente existente.

Trabalhar com estes jovens é lidar com nossas próprias limitações, com nossa humildade diante de nossas idealizações e nossos sonhos, e é lidar com os sonhos de nossos jovens e de seus pais; é poder incentivar os jovens com estas limitações de origem psicobiológicas e também seus pais a buscar esta marca transformadora, unicamente possível através de um diálogo do potencial arquetípico e do ambiente facilitador.

REFERÊNCIAS BIBLIOGRÁFICAS

BENJAMIN, W. *O Narrador, in Walter Benjamin obras escolhidas,* vol. 1. São Paulo: Brasiliense, 2012, p. 221.

GUGGENBÜHL-CRAIG, A. *O arquétipo do inválido e os limites da cura, in Junguiana 1,* 1983, p. 102.

JACOBY, M. *Psicoterapia junguiana e a pesquisa contemporânea com crianças.* São Paulo: Paulus, 2010, p. 60.

JUNG C.G. *Nietzsche's Seminar.* Princeton, EUA: Princeton University Press, 1988, p. 442.

SCHORE, A. *The Development of the Unconscious Mind.* Nova York, Londres: W.W. Norton & Company, 2019, p. 12.

SCHWARTZ-SALANT, Na. *A Personalidade Limítrofe.* São Paulo: Cultrix, 1992, p. 162.

CAPÍTULO 10

ADOLESCENTES E TECNOLOGIAS: RELAÇÕES INTERCONECTADAS

ANA CAROLINA FALCONE GARCIA

Too many friends

Eu tenho muitos amigos
Muitas pessoas
Que eu nunca vou conhecer
E nunca vou estar lá para elas
E nunca vou estar lá
Porque eu nunca estarei lá

Meu computador pensa que eu sou gay
Que diferença faz?
Quando tudo o que as pessoas
fazem todos os dias
É olhar para um telefone?

(PLACEBO)

Estamos há mais de 20 anos no século XXI. Entendemos que este século tem a marca da globalização e da revolução digital. Os nativos digitais, que compõem o que entendemos como geração Z, nasceram inteiramente neste século. São assim nomeados por terem nascido e crescido com as tecnologias digitais em suas vidas: videogames, internet, celular, *Ipod* etc.

Vivemos neste mundo de novas possibilidades de comunicação, de desenvolvimento tecnológico, com diferentes maneiras de viver, de compreender e de traduzir a comunicação. Há brevidade no vocabulário, há pressa em traduzir os pensamentos e as emoções não têm espaço de existir. Novas formas de conexão levam a novas possibilidades de viver: o uso de ferramentas digitais e de habilidades mentais diferentes das gerações que não utilizavam recursos eletrônicos.

O ciberespaço ou este mundo tecnológico é uma possibilidade de existência virtual, como também um lugar de construção de identidade. Os aplicativos de redes sociais permitem aos usuários ser quem quiserem ser, desde características pessoais e físicas até possibilidades morais e psíquicas. Ser popular é um grande sonho de muitos jovens. Essa pluralidade de modelos que surge no espaço virtual é positiva, num primeiro momento.

A adolescência é uma fase da vida composta por inúmeras experiências psíquicas, que vão participar do processo do vir a ser, da construção da identidade do indivíduo. Caracteriza-se pela fase de grandes mudanças físicas e psíquicas, que acontecem entre 13 e 20 anos. As maiores mudanças acontecem nesse período e são referentes ao corpo, à maturação hormonal e às vivências emocionais. É comum pensarmos sempre na adolescência como a fase de grandes turbilhões hormonais, responsáveis por todas as transformações. Essa fase dos hormônios inicia o que entendemos por puberdade, com marco para as meninas em torno dos 11 anos e para os meninos por volta dos 13 anos. Como sabemos, a adolescência vai muito além dos hormônios. Sob o ponto de vista neurológico, muitas mudanças cerebrais acontecem e marcam a transição do cérebro infantil para o cérebro adulto. Temos uma grande marca nesse período com reduções de dopamina, substância responsável pelas conexões neurais ligadas ao prazer, o que leva ao sentimento tão nomeado pelos adolescentes: o tédio (HERCULANO-HOUZEL).

O discurso do tédio é muito presente na adolescência normal, mas precisamos estar atentos às formas de que nossos jovens se utilizam para lidar com ele; como esse grande vazio existencial encontra formas criativas de preenchimento?

Para a analista junguiana Patrícia Gimenez (1998), adolescência é o momento do *turning point*: o que ela caracteriza analiticamente como a fase em que a consciência está fortalecida e precisa reconhecer a existência e a importância da conexão entre o inconsciente e o ego. É na adolescência que a habilidade de diálogo entre o inconsciente e o ego já está presente e auxilia o jovem em seus questionamentos e, com isso, o distanciamento do mundo dos pais e a busca de novas referências nos grupos de amigos.

Os questionamentos e confrontos com os pais fazem parte da adolescência normal e precisam acontecer para que estes sejam desidealizados e para que a consciência psíquica do adolescente se construa na relação com pais reais. O processo de desidealização das figuras parentais auxilia na construção da identidade do adolescente, que busca no grupo de iguais novas referências de ser e de agir. Com isso, destacamos o quanto a vivência grupal é importante no processo de construção da identidade do jovem, desvinculada da identidade dos pais.

Na concepção de James Hillman, o adolescente carrega em si o âmago do vir a ser; de toda a sua essência que não foi desenvolvida na infância. Essa essência do ser está faminta por experiências e busca estados extremos de ser, sejam eles emocionais, corporais ou ideacionais, que muitas vezes precisam ser estimulados ou alimentados em suas formas criativas de expressão, através das artes, da música, da poesia etc. Também o mundo digital permite formas criativas diversas que servem de alimento imaginativo e povoam as relações de todos adolescentes. É um universo muito rico e que permite a criatividade e a exploração de conteúdos, habilidades e novas formas de convivência, como colocamos um pouco antes.

O ciberespaço vem ocupar um lugar de destaque na vida dessa geração de jovens e parece servir como rito de passagem. Em estudos recentes (ABREU, 2019), encontramos que as mídias digitais fazem parte integral da vida dos jovens, tanto em suas atividades como no que se refere às comunicações e recreações. Essa geração vive a relação com as mídias digitais na mesma intensidade que muitos pais viveram em relação a outros processos transformadores significativos como movimento hippie, a experiência do rock'n'roll. "Ter seu próprio smartphone ou estar presente nas redes sociais é um rito de passagem [...] Uma característica chave da busca de autonomia do adolescente é proteger a independência recém-conquistada das figuras de autoridade que talvez desaprovem ou restrinjam as atividades que o adolescente tornou suas" (RICH; TSAPPIS; KAVANAUGH, 2019, p.15).

Sabemos que para que esteja a serviço do desenvolvimento psíquico, o rito de passagem necessita de uma orientação objetiva. Frankel (1998) reforça que uma sociedade sem rituais estruturados leva o adolescente a criar seus próprios ritos de passagem. Percebemos que a *selfie* pode ser uma tentativa de explorar e se diferenciar através do compartilhamento da autoimagem, da forma de se vestir e de gerar opiniões. A riqueza desse recurso está na possibilidade de servir como uma tentativa de diferenciação do universo familiar.

Outra possibilidade que vemos no uso da tecnologia pelos jovens está nos *games*. Parece vir a serviço também de uma atualização dos grupos de adolescentes, no plano virtual, uma vez que há restrições de espaço e necessidades de proteções físicas decorrentes de espaços violentos e da impossibilidade de se encontrarem na rua; muitas vezes, jogar *online* serve como saída ao encontro.

Os adolescentes sempre foram a geração que nos auxilia a entrar em contato com novas perspectivas, novas formas de comportamento, novos olhares. Então, será que como pais, temos que deixar livre o acesso a esse novo formato de existir?

Será que a tecnologia e seus novos caminhos nos abrirão apenas para possibilidades positivas de inovação? Como os pais podem auxiliar o adolescente no caminho de seu desenvolvimento através do uso de tecnologias?

Jung nos ensina que toda luz tem a sua sombra. E, com isso, toda habilidade positiva tem em igual proporção seu contraponto negativo ou desconhecido a ser observado. Sendo assim, vários pontos precisam ser cuidados pelos pais como forma de trazer à consciência dos jovens informações e orientações que muitas vezes desconhecem.

Percebemos que os jovens nos apresentam a facilidade e as possibilidades que este universo virtual nos permite: de novas formas de conexão, de encontro, de comunicação ao conhecimento, novos conteúdos, de acesso a possibilidades de relação a diferentes maneiras de se apresentar, seja em roupas, cabelos, perspectivas de gênero, entre muitas formas diversas de viver o mundo atual. Contudo, o olhar "conservador" dos pais, tão conflitado pelos filhos, precisa entrar também como norteador e guia, ainda que seja motivo de confrontos e questionamentos.

Ganhamos nesses novos tempos, como Bauman (2007) tão bem nos descreve o mundo atual, perspectivas "líquidas", isto é, a fluidez dos produtos, do consumo, dos padrões de conduta, dos valores e relacionamentos como marcas presente. Os fluidos não possuem forma fixa e se movem com facilidade e inundam, vazam; são dificilmente contidos.

O mundo virtual acentua esse novo formato fluido. Há grande liberação do tempo e o espaço fica amplo e sem limites.

Como pais, é necessário encontrar um caminho do meio, para orientar nossos jovens nesse mundo sem fronteiras, e, com isso, agir como educadores. Uma forma inicial é entender o uso das ferramentas digitais como forma fundamental para auxiliar na inserção da tecnologia para os filhos, bem como para fornecer recursos de proteção e discriminação dos riscos. Os riscos são desde o acesso a universos desconhecidos *(sites)* ou a pessoas desconhecidas, que pode levar a suscetibilidades emocionais, bem como *cyberbullying ou sexting*.

Vemos que diferentemente dos encontros presenciais de grupos de adolescentes, o jogo *online*, os *games* em geral, não configuram um espaço-tempo delimitado, não há limite de fim. O tempo fica desconectado do corpo, do cansaço, da percepção das horas. Há perda da rotina, das prioridades em nome do prazer deste encontro, da competição, da vitória, do ser alguém em destaque na vida. É preciso criar a possibilidade de estar nesse mundo com fronteiras. Sendo assim, o estabelecimento de tempo de acesso aos jogos, aos aplicativos de redes sociais é um caminho de possível preservação da saúde mental dos adolescentes.

Na sociedade atual, a visibilidade é uma constante. Todos somos chamados a nos apresentar da melhor maneira diante das novas mídias. Nesse caminho, de ser popular ou de ser visível, o vazio se apresenta. É preciso ficarmos atentos ao esvaziamento interno que surge quando acessamos intensamente as redes sociais que apresentam sempre realidades aparentemente felizes, bem sucedidas e perfeitas. A realidade virtual nos coloca diante de um mundo perfeitamente construído, em que muitas vezes as frustrações são vividas de formas intensas ou, às vezes, atenuados os sentimentos, impedindo o reconhecimento psíquico da discriminação das emoções.

Essa nova forma de divulgar um modo de ser, agir e consumir, vai muito além das antigas referências que a geração dos pais, recebia. Muitas vezes, era através das formas de publicidade, como a propaganda de margarina, que nos convidava a escolher uma forma de viver perfeita.

Hoje, o consumo é rápido e intenso.

Percebemos também que a internet nos colocou diante de uma rapidez de informações, com *links* de acesso que nos levam a novas formas mentais de assimilação de conteúdo, com fatores positivos e negativos. A visualização - que passa a ser destacada como atributo importante - e a memória, diante da rapidez e brevidade da informação, acabam sendo prejudicadas.

Cabe aos pais ficarem atentos ao tempo de uso das telas, seja computador, jogos eletrônicos ou celulares. O tempo grande em telas pode atrapalhar a assimilação de conteúdos; muitos *links* são abertos e muitas vezes pouca profundidade é acessada. Começam a criar uma dificuldade de prosseguir em leituras mais profundas. É interessante manter o acesso ao material físico, livros, cadernos, revistas para construir junto a referência e profundidade da leitura, da retenção de conteúdos que muitas vezes o universo virtual não permite.

É necessário perceber os sinais de alerta dos filhos em relação ao uso excessivo do mundo virtual.

Pesquisas recentes destacam que o uso das telas eletrônicas nos expõem a diversos estímulos cerebrais, que podem ocasionar alteração no padrão do sono, alterações significativas nos estados de humor, levando a comportamentos mais ansiosos ou depressivos, e também alteração por hiperativação das vias de recompensas, em nosso cérebro. Tais mudanças podem gerar mecanismos de reação típicos de *stress* crônicos, em decorrência do uso excessivo da tela (YOUNG, 2019).

Alguns comportamentos também são observados no processo de aprendizagem: a compreensão de conteúdos mais profundos é mais difícil de ser assimilada juntamente com a dificuldade de leitura de conteúdos mais densos. O hábito da leitura rápida também cria junto ao cérebro conexões mais tênues. Em relação aos comportamentos em geral, o uso excessivo dos dispositivos digitais também gera uma necessidade psíquica de preenchimento instantâneo do tédio existencial, parte do desenvolvimento normal do adolescente. O próprio uso da tecnologia também nos deixa mais entediados e com uma necessidade constante de preenchimento do vazio acentuado.

Alguns sinais nos apontam possíveis defesas psicológicas que os jovens podem desenvolver diante de suas dificuldades na vida, a partir do uso das tecnologias. Na adolescência, observa-se uma mudança na percepção de si mesmo, que acaba por evidenciar os conflitos psíquicos presentes nessa fase, e também a baixa autoestima, que pode ser percebida nos comportamentos excessivos em relação ao uso de *selfies,* nas formas mais compulsivas de utilizar as redes socias, de maneira a buscar nelas maior validação externa, depositando menos atenção às emoções internas, geradas pelo acesso virtual. Diante disso, cabe atenção aos seguintes pontos:

1. Como está sendo o comportamento geral do adolescente: está ficando mais recluso em seu ambiente, recorrendo apenas aos dispositivos digitais?

2. O que será que o adolescente está escondendo diante de suas dificuldades sociais, recorrendo aos jogos eletrônicos e distanciamento das convivências sociais?

3. O uso está abusivo, alterando o padrão de sono e prejudicando o aprendizado? Há mudança no comportamento, com aumento de sinais de cansaço, irritabilidade, recolhimento social e comprometimentos escolares? (YOUNG, 2019).

Temos observado o relato de alguns jovens sobre a dificuldade de passar por alguns processos naturais da vida, que, dos quais em outros tempos o ritual era mais simples, como o do término de um namoro. Em tempos não digitais, finalizar um namoro, por exemplo, permitia o contato com o luto do fim e a escolha dos caminhos a serem seguidos, que poderiam ser a opção de nunca mais encontrar aquele par ou amigos daquele grupo, até a possibilidade de reviver aquela experiência em encontros possíveis. Hoje, observamos algumas mudanças. As redes sociais entram em cena e apresentam uma nova configuração. O luto do final de um relacionamento não permite a escolha de não saber sobre o outro: mesmo que não se encontre mais com a pessoa e que ela seja bloqueada nas redes sociais, as informações chegam sem pedido de entrada e invadem através de contas de outros amigos, reacendendo sentimentos de lembrança, dor, inveja e fofocas, intensamente vividos no espaço virtual. Essas novas formas de relação e de invasão dificultam processos de elaboração simbólicos, ampliam a dor psíquica da falta (nesse caso). Para muitos pais, é difícil compreender que os filhos não estejam conseguindo encerrar esse capítulo da vida. De modo geral, de fato é difícil finalizar uma história afetiva em que, a todo momento, informações ou fotos invadem a conta do aplicativo, através de amigos em comum, muito mais rápido do que em outros tempos.

Precisamos estar atentos a alguns fatos. Quando se fala em substâncias psicoativas ou álcool, todos entendem que é preciso cuidado. O mesmo vale para os dispositivos eletrônicos, que merecem prudência e supervisão constantes. Por envolver os mesmos mecanismos neurológicos relativos ao mecanismo de recompensa, a possibilidade de causar dependência existe.

As redes sociais e os dispositivos digitais foram pensados de forma a criar um mundo de ilusões e permitir o acesso cada vez maior de pessoas, uma vez que o produto de venda desses dispositivos gratuitos e aparentemente inofensivos somos todos nós, as pessoas. Isso leva os jovens a uma percepção confusa de si mesmos.

Ainda que os jovens precisem ganhar autonomia, a construção do limite precisa ser dada pelos pais, para que possam construir seus referenciais e caminhos na vida. É importante que os pais consigam estabelecer um espaço de diálogo com seus filhos sobre as novas experiências vividas nas redes sociais, nos jogos *online*, nos canais do *YouTube*. A abertura dos pais precisa ser consciente e possível, no sentido de evitar julgamentos, mas abrir-se ao diálogo e troca. Ouvir seu filho sem comparar sempre com sua própria adolescência é um grande desafio. Se souber encontrar esse caminho de trocas, a riqueza será incrível e a preservação dos limites será construída de forma menos rígida.

Frustrar é muito saudável e necessário no processo de amadurecimento dos filhos. A vida é uma sequência de ganhos e perdas e lidar com pequenas frustrações do dia a dia ajuda a estruturar psiquicamente nossos jovens.

Como pais, é relevante conquistar uma presença respeitosa na relação com seus filhos adolescentes. Encontrar uma forma de permitir as descobertas criativas através das novas possibilidades tecnológicas que o mundo nos apresenta e das quais os jovens conseguem com tanta facilidade se apropriar e inaugurar novos tempos. Mas para que seja positivo e proveitoso, é preciso ser guiado com respeito e diálogo. Auxiliar para que os ruídos internos dos jovens encontrem nas tecnologias caminhos de expressão. Que sejam possibilidades criativas.

Que neste mundo de ser visto a todo instante, eles possam encontrar um caminho orientado, protegido e criativo:

> *Disfarça, tem gente olhando [...]*
> *Uns olham para baixo procurando*
> *algum vestígio do tempo que a gente*
> *acha, em busca do tempo perdido.*
> *Raros olham para dentro, já que dentro*
> *não tem nada.*
> *Apenas um peso imenso, a alma, esse*
> *conto de fada.*
> (PAULO LEMINSKI, 2013)

REFERÊNCIAS

ABREU, C.; YOUNG, K. *Dependência de internet em crianças e adolescentes: fatores de risco, avaliação e tratamento.* Porto Alegre: Artmed, 2019.

BAUMAN, Z. *Vida liquida.* Rio de Janeiro: Zahar, 2007.

FRANKEL, R. *The Adolescent Psyche: junguian and winnicottian perspectives.* New York: Routledge, 1998.

GIMENEZ, P. *Orientação Profissional: criação de um espaço ritual através do Sandplay e dos sonhos.* Junguiana, v.16, 1998.

HERCULANO-HOUZEL, S. *O cérebro do adolescente: a neurociência da transformação da criança em adulto.* E-book, Kindle.

LEMINSKI, P. *Toda a poesia.* São Paulo: Companhia das Letras, 2013.

WIKIPEDIA, https://pt.wikipedia.org/wiki acesso em: 9/9/20.

PLACEBO, T*he many friends* https://www.letras.mus.br/placebo/too-many-friends/traducao.html acesso em: 9/9/2020.

CAPÍTULO 11

O ENCONTRO DO ADOLESCENTE COM AS DROGAS

WALTER GIMENEZ DE MATTOS

O título deste artigo vem de uma experiência pessoal. Ao longo de vários anos oferecendo palestras sobre desenvolvimento humano, muitas delas centradas na questão de abuso e dependência de substâncias, aprendi a observar os pais se assustarem no momento em que eu digo "quando os filhos de vocês tiverem contatos com drogas...". Vendo essa reação, seguidas vezes, fui eu a ficar cada vez mais assustado. Percebi que a maioria dos pais ainda alimenta a fantasia de que pode manter seus filhos numa bolha de proteção até o fim da adolescência, e que muitos pais não têm uma visão clara do entorno social, econômico e cultural no qual seus filhos estão vivendo.

Os dados mais recentes da OMS (Organização Mundial de Saúde), registrados na UNODC (United Nations Office on Drugs and Crime) e compilados em 2017, apontam um crescimento de cerca de 30% no uso de drogas ilícitas nos dez anos anteriores à pesquisa (1).

Essa estatística não contempla o álcool, uma droga de fabricação e comercialização em larga escala que é lícita em quase todo o mundo, cujas complicações, segundo a OPAS (Organização Pan-Americana de Saúde) representam cerca de 5,3% das mortes anuais e 5,1% das doenças e lesões da população mundial, e 13,5% da causa de mortes na faixa etária de 20 a 39 anos (2).

No Brasil, a despeito de uma enorme carência de estudos e coleta de dados sobre o tema, as poucas pesquisas disponíveis mostram que o consumo de substâncias psicotrópicas é um tema de altíssima importância. Estudo da Fiocruz, de 2015, mostra que mais de metade da população brasileira declara já ter feito uso de álcool pelo menos uma vez na vida, contra cerca de 7,7% que já usaram maconha e 3,1% que já usaram cocaína (3). E, entre estudantes de ensino fundamental e médio, a pesquisa conduzida pelo CEBRID (Centro Brasileiro de Informações Sobre Drogas), de 2010, em escolas públicas e particulares de 27 capitais brasileiras (4), mostra que cerca de 25% desses já tinham à época experimentado drogas ilícitas, um número que com certeza aumenta significativamente se incluirmos dados de álcool e tabaco. Já o total desses estudantes que relataram ter usado substâncias ilícitas no último ano (à época da pesquisa) foi de 9,9% na rede pública de ensino e 13,6% na rede particular, mostrando que o tema perpassa todas as classes sociais.

Do ponto de vista de uma observação qualitativa, a partir do trabalho como psicólogo clínico na cidade de São Paulo, poderia apostar que o uso e abuso de substâncias se amplificou e sofisticou muito nos últimos anos. Relatos de adolescentes usando álcool, de forma pesada, se tornaram mais frequentes. O uso da maconha e similares (canabinoides), substância envolta em questões sociais complexas do ponto de vista legal/criminal e de saúde, também se ampliou e sofisticou. O desenvolvimento técnico no cultivo da planta permite que hoje um adolescente de classe média, que use um grama da substância, ingira cerca de dez vezes a quantidade de THC (o componente que "dá barato") em comparação à mesma dose de vinte anos atrás. Variedades na apresentação, *narquiles, bongs* etc., também facilitam o consumo.

Além disso, as transformações estruturais pelas quais nossa sociedade está passando, como aumento de desigualdade, precariedade do trabalho, instabilidade econômica, rápidas mudanças tecnológicas, redução das redes de proteção social etc., favorecem um ciclo de marginalidade que se alimenta do tráfico de drogas ilícitas e estimula seu consumo. Como ouvi uma vez de um paciente, "em toda cidadezinha hoje, por menor que seja, é possível encontrar uma biqueira".

Por último, vale a pena lembrar que há uma miríade de substâncias de abuso. Álcool, maconha, tabaco, cocaína, crack, solventes, heroína, ecstasy, tranquilizantes benzodiazepínicos, esteroides anabolizantes, sedativos barbitúricos, estimulantes anfetamínicos, analgésicos opiáceos, anticolinérgicos, LSD, quetamina, chá de ayahuasca e drogas injetáveis são os mais pesquisados. E apesar da maior prevalência, entre os adolescentes, dos quatro primeiros citados, pode-se observar aqui e ali um aumento significativo de uso de outras drogas, principalmente benzodiazepínicos (os famosos remédios "tarja preta"), muitas vezes em associação com o aumento do uso dessa substância pelos pais.

Resumindo, os pais precisam estar preparados: em algum momento o adolescente vai entrar em contato com drogas lícitas e/ou ilícitas. E, mesmo que não venha a consumi-las, as substâncias lhe serão oferecidas e ele estará cercado de outros adolescentes que vão influenciá-lo, tendo pouquíssima informação e capacidade de discernimento sobre o assunto.

A QUESTÃO NÃO DEVE SER SUBESTIMADA, MAS O PÂNICO NÃO AJUDA

Se, por um lado, é fato que o adolescente está naturalmente em condição de risco para o abuso de substâncias, também é fato que muitos pais exageram os problemas e as medidas protetivas a partir dessa realidade.

Já presenciei mães buscando clínicas de internação após descobrir um pouco de maconha e apetrechos de uso na mochila de escola do filho, o que me suscitou o desejo de indicar uma clínica para que a mãe, e não o filho, pudesse se internar e tratar sua ansiedade.

Um dado interessante nos estudos sobre uso de psicotrópicos é que não se conhece nenhuma sociedade humana, atual ou do passado, que não fizesse uso dessas substâncias. Alguns pesquisadores, inclusive, categorizam as drogas como tipos particulares de alimentos (5). O uso de substâncias que "alteram significativamente o estado e funcionamento psíquico do indivíduo" (uma outra forma de denominar o que comumente chamamos de "drogas") está ligado à existência humana, e há um longo caminho entre o uso recreativo de uma substância e o quadro de dependência. Das várias atitudes que pais e mães podem ter ao saber que seus filhos usaram drogas, a indiferença, por um lado, e o pânico, por outro, são as piores possíveis.

As relações entre pais e filhos adolescentes são arquetipicamente cercadas de tensões. Faz parte da personalidade saudável de um adolescente se posicionar parcialmente em oposição aos pais, além de questionar as escolhas que esses fizeram e o “mundo corrompido” que ajudaram a construir. O uso de substâncias, “drogas”, provavelmente vai entrar nesse contexto, e a atitude dos pais pode exacerbá-lo. Atitudes de evitação ou julgamento severo só vão afastar ainda mais os adolescentes, “forçados a mentir” para evitar conflitos.

Um corolário que se usa em psicologia é de que uma das mais eficientes formas de ajudar alguém é mostrar proximidade e capacidade de compreensão. Isso também vale para os filhos, a despeito da “rebeldia” ou dos comportamentos hostis que eles apresentem. Afinal, numa relação entre pais e filhos é preciso lembrar de quem se espera mais capacidade de equilíbrio e controle.

A PSIQUE ADOLESCENTE E AS DROGAS

Talvez seja um lugar comum falar das transformações dos adolescentes e do quanto isso impacta corpo, mente e relacionamentos, mas ainda assim muitos pais parecem preferir ignorar o tema (ou tentar “esquecer” como foi passar por essa fase).

Colocando em termos simples, cabe ao adolescente deixar de ser uma criança: ingênua, protegida, pouco responsável, fantasiosa, vivendo num ambiente controlado e com afetos estáveis, para se tornar um adulto: desejar outras pessoas afetiva e sexualmente, provar sua capacidade de realizar trabalho, assumir responsabilidades plenas do ponto de vista social e legal, ganhar seu próprio sustento e eventualmente vir a sustentar outros, competir ferozmente por seu lugar no mundo (principalmente numa sociedade desigual e pouco agregada), administrar relações complexas com um numero enorme de pessoas estranhas e desconhecidas. Não é fácil.

Obviamente esse processo não se dá do dia para a noite, mas é possível entender toda a adolescência como um longo período de transição de um estado a outro. Algumas coisas que esse "ser em transformação" precisará fazer:

• Afastar-se da proteção dos pais e familiares, para testar sua autonomia.

• Ser incluído num grupo de amigos com os quais tenha traços identitários.

• Ver brotar em si o desejo sexual maduro.

• Desenvolver atributos de atratividade sexual (para o sexo oposto ou o mesmo sexo, a depender do desejo).

• Imaginar seu futuro no mundo adulto, projetando maneiras de viver e fazendo escolhas que "corrijam" ou se amoldem às escolhas e desejos dos pais.

• Dominar o sistema de linguagem e códigos de sua comunidade, recebendo sempre a informação de que o "sucesso" é difícil e que tudo que se conhece está em rápido processo de mudança.

• Entender que muitas relações adultas não conseguem se desenvolver num contexto amoroso, e nesse caso as relações se estruturam a partir de ações e símbolos de poder (dinheiro, força, consumo, autoritarismo).

• Suportar a comparação com os outros de sua idade, numa escala gigantesca (proporcionada pelas redes sociais).

Do ponto de vista psíquico essa série de tarefas será traduzida em:

• Uma enorme arrogância que esconde uma baixa autoestima, ou uma baixa autoestima que esconde uma enorme arrogância.

• Ansiedade, agitação, insegurança.

• Necessidade de transgredir (ainda que de forma moderada).

• Busca de elementos de identidade (a repetição do comportamento do grupo, a necessidade de dizer "eu sou").

• Demonstrações de indiferença que escondem o medo do fracasso.

• Sentimentos descontrolados (paixão, desejo, ódio, inveja, raiva, ciúme, desamparo, crises e "surtos").

• Sensação híbrida de fragilidade e onipotência.

• Necessidade de recusar orientações e ajudas que não partam do grupo de referência (afinal o adolescente "sabe o que quer" e "sabe resolver sozinho", além de não confiar na geração ultrapassada).

• Possivelmente, desejo de fuga para ambientes de controle (como o mundo virtual e de videogames).

Ou seja, a psique adolescente é um verdadeiro convite para o uso de substâncias psicoativas, principalmente aquelas que podem funcionar como um "remédio" para estados de agitação, ansiedade e insegurança, como o álcool e a maconha.

De fato, ao pensar a sociedade que estamos construindo, é até difícil imaginar que os adolescentes, principalmente aqueles a quem é negada de forma mais contundente oportunidades de crescer e se desenvolver, que estão abandonados pelos pais e pela sociedade, não usem drogas... "Vai um beque pra relaxar aí, parceiro?"

PESSOA, CONTEXTO, SUBSTÂNCIA

Coube ao psiquiatra francês Claude Olievenstein (6), uma construção teórica de enorme auxílio no estudo das drogas e substâncias psicoativas. Ele disse que, ao analisarmos um caso de abuso ou dependência de drogas, é necessário levar em consideração uma soma de três fatores: QUAL a substância que está sendo usada indevidamente, QUEM é a pessoa que está fazendo tal uso, e ONDE ou em que circunstância/contexto esse uso acontece.

Isso significa que uma mesma substância, por exemplo o álcool, pode ter efeitos surpreendentemente distintos dependendo da pessoa ou do lugar em que está sendo consumido. Uma vez ouvi de um pai uma justificativa para disponibilizar bebida alcoólica em casa para o filho: "é melhor ele aprender a beber aqui, comigo, do que na rua". Foi difícil fazê-lo perceber o absurdo do argumento, mas enfim ele entendeu que o efeito da mesma dose de bebida, naquela mesma pessoa (seu filho), seria totalmente diferente ao ser consumido em casa, em comparação com o consumo num ambiente externo com amigos. O efeito de uma certa quantidade de maconha num ambiente de relaxamento (por exemplo uma praia com amigos), é completamente diferente da mesma dose da substância num ambiente de tensão (perto de uma delegacia, ou no entorno da escola).

Da mesma forma, diferentes substâncias têm efeitos completamente distintos. Nós as agrupamos sob o termo "droga" mais para efeito de manejo didático do que técnico.

Uma das formas mais comuns de classificar as substâncias é pelo seu efeito direto no sistema nervoso. Então temos drogas:

- Depressoras, como a maconha, o álcool, os benzodiazepínicos
- Estimulantes, como a cocaína, o crack, e as metanfetaminas
- Perturbadoras, como o LSD, a Ayahuasca e outras

Não é incomum que um adolescente mais "ousado" venha a provar várias dessas substâncias (o álcool nas festas, a maconha com a turma do skate, a metanfetamina na balada, o LSD numa rave etc.), mas a suscetibilidade para o abuso da substância vai estar diretamente relacionada com o perfil psicológico do indivíduo.

Um adolescente mais "ansioso" terá um fator de risco maior para depressores, por exemplo, e muito provavelmente passará ao largo de excitadores (por mais que a cocaína seja uma droga muito mais perigosa que a maconha).

Isso significa, talvez infelizmente, que "teorias" e "dicas" que se disponibilizam de forma popular pouco ajudam no manejo do contato dos adolescentes com as drogas. Cada indivíduo é único na sua história, suscetibilidades e ambiente de vida, e cada um vai precisar de um tipo diferente de suporte e manejo.

USO, ABUSO, DEPENDÊNCIA

Substâncias psicoativas, lícitas e ilícitas, se tornaram um elemento amplamente disponível aos adolescentes. Alguns poucos irão recusar a experiência, muitos irão usar as substâncias recreativamente durante um período da vida, uns tantos irão cometer abusos e imprudências, e outros poucos podem vir a se tornar dependentes.

Um dos erros mais comuns, ao observarmos pais se relacionando com filhos que encontram substâncias, é a falta de clareza desses limites.

É claro que estamos falando de substâncias perigosas, e é perfeitamente compreensível que muitos pais desejem que seus filhos nunca sequer se aproximem delas, mas essa é uma perspectiva irrealista.

Num contexto mais amplo, o abuso e dependência de substâncias (e comportamentos, como jogo, compras, sexo e internet) pode ser considerado como um sintoma de uma cadeia de eventos que talvez ultrapasse em muito o desenvolvimento psíquico humano e sua capacidade para lidar com excessos.

Transtornos ansiosos ligados ao estilo de vida, ou problemas relacionados ao uso excessivo do celular, por exemplo, são relatos comuns no consultório atualmente. E da mesma forma que não podemos mais prescindir do celular, tendo de nos educar no seu uso, também é virtualmente impossível reprimir completamente a oferta de drogas. Se queremos proteger nossos filhos devemos prepará-los para o mundo, e não infantilizá-los.

Por outro lado, o uso de substâncias psicoativas, em si, não é necessariamente ruim. O álcool, por exemplo, pode ser utilizado de forma prazerosa e sem causar prejuízo em várias circunstâncias (respeitadas, aqui, as opiniões contrárias de ordem ética ou religiosa). A maconha tem uma discussão mais complexa, que envolve a ilegalidade da substância, mas do ponto de vista clínico encontramos muitas pessoas que são usuárias dessa substância e conseguem moderação na quantidade e contexto. São usuários.

O abuso, por sua vez, é um segundo nível que deve ser observado e muitas vezes requer a tomada de medidas de contingência. Se caracteriza como "abuso" o uso com prejuízos, de qualquer ordem. Por exemplo: tomar álcool com os amigos é uso; tomar álcool com os amigos e depois dirigir um veículo é abuso (a probabilidade de causar um acidente, ainda que este não venha efetivamente a ocorrer, já configura abuso). Usar maconha num fim de semana à noite com amigos (volto a dizer, considerando o comportamento só sob a ótica da saúde mental, sem examinar as consequências do ponto de vista ético e legal), é uso; usar maconha antes de uma aula na escola é abuso (a maconha vai prejudicar as áreas de formação de memória do sistema nervoso, fazendo com que o aluno não consiga reter o conteúdo da aula).

A dependência química, por sua vez, é uma evolução bem

mais complexa desse quadro e envolve critérios diagnósticos que não cabem neste texto.

De qualquer forma, o recado é o seguinte: o uso de uma substância, a despeito de significar um maior perigo, está longe de apontar para um prognóstico fatalista de dependência. Muitas vezes esse uso é contextualizado e passageiro. Os pais podem ajudar a que seja assim, mantendo uma atitude de proximidade, ou acabar contribuindo para um agravamento da situação ao entrar em pânico e fazer com que o próprio filho se afaste.

AS DROGAS E AS COMORBIDADES

Um dos fatores que devem ser levados em consideração ao avaliarmos o consumo e abuso de substâncias é a chamada comorbidade: "co", junto, "mórbido", doença, é o nome que se dá a doenças associadas, ligadas, e esse tema é de importância central na prevenção do abuso de drogas.

Um estudo exploratório a respeito (7) indicou que 83,9% dos participantes da pesquisa apresentaram outro transtorno além da dependência química. As comorbidades mais frequentes foram Episódio Depressivo Maior (25,8%), Transtorno de Humor Induzido por Substância (22,6%) e Fobia Específica (19,4%).

É claro que esses estudos deveriam ser ampliados, e a correlação não indica causalidade (é dependente porque sofria de depressão? Ou tornou-se deprimido como consequência da dependência?), mas, de qualquer forma, a associação existe e é facilmente observada no contexto clínico.

Isso significa que um adolescente que eventualmente esteja "na corda bamba" sofrendo silenciosamente de um transtorno mental, terá um risco muito maior de fazer mau uso ao entrar em contato com um psicotrópico.

Um dos exemplos que mais observamos na clínica é associado ao alcoolismo, com certeza o pior tipo de dependência química que existe, sob a ótica quantitativa. O alcoolismo é uma doença de instalação lenta, e usualmente as pessoas que vêm à clínica para buscar ajuda estão na casa dos 40 a 45 anos de idade. Ao fazermos o levantamento de dados dessas pessoas, é comum sermos informados de que elas bebem desde cerca dos seus quinze anos, e que o uso de álcool estava fortemente associado, naquela época, a uma forma de "vencer a timidez" em contextos de socialização e flerte. Ou seja, há uma hipótese razoável de que aquela pessoa estava se automedicando de um quadro de fobia social, mas com um péssimo remédio: o álcool. 30 anos depois, há pouco que se possa fazer, até porque os prejuízos do alcoolismo extrapolam a questão mental (cirrose hepática e outras consequências são comuns nesses casos).

Transtornos mentais não são "entidades per se", tratando-se isso sim de exacerbações de funções psíquicas normais. Isso significa que é difícil cravar um diagnóstico de "depressão" ou "ansiedade" num adolescente. Na verdade, cada adolescente parece ser ele mesmo uma compilação de todos os transtornos existentes nos manuais diagnósticos. A ansiedade, por exemplo, é a norma, não a exceção... mas talvez seja justamente uma ansiedade ampliada, em associação com outros fatores, aquilo que vai levar o adolescente ao abuso de substâncias.

Muitas vezes quadros relativamente graves, que chegam à clínica, causam em quem trabalha com saúde mental um sentimento de desalento: percebemos que o problema que está à nossa frente poderia ter sido resolvido muito mais facilmente, se tivesse sido cuidado na sua origem.

A PSIQUE DOS PAIS E SUAS ARMADILHAS

Abuso e dependência de substâncias são temas complexos e de múltiplas etiologias, várias origens. Uma das coisas que mais ouvimos nesse tipo de clínica é a pergunta "por que isso aconteceu comigo?". Como se fosse possível voltar no tempo, ou, ao saber o caminho, tomar ações no sentido inverso para corrigi-lo. Infelizmente isso não é possível.

Há vários elementos na história de nossa constituição; muitas vezes alguns caminhos que determinam suscetibilidades, na adolescência, começaram a ser construídos bem cedo, ainda na infância.

Não é raro que pais de adolescentes abusadores de substâncias percebam que negligenciaram questões que estavam mais ou menos visíveis muitos anos antes. Isso acarreta, além da angústia sobre "o que fazer?", a culpa pelo que deixou de ser feito. E a culpa, ou seu oposto (o narcisismo), é a maior armadilha a impedir que os pais ajam corretamente quando os filhos encontram as drogas.

Ao longo de minha experiência como clínico encontrei raros pais e mães realmente negligentes ou desinteressados.

Ao contrário: a grande maioria de pais que eu conheci queria muito acertar, e muitos se transformaram ao ter seu filho (biológico ou adotivo), incorporando novos valores e perspectivas de vida. Mas o problema é que a maioria desses pais, dos pais que queriam muito acertar, é que eles não se contentavam apenas em ser bons pais... eles queriam ser *os melhores pais do mundo!* E a ambição excessiva, de caráter egóico, muitas vezes é a verdadeira origem de nossas tragédias.

Criar um filho não é uma tarefa fácil, mas ela se torna decisivamente difícil num mundo agitado, inseguro, de múltiplas demandas profissionais, financeiras, acadêmicas e outras. Nesse contexto é bastante comum que o ambiente de paz, carinho, atenção e tranquilidade, os mais importantes fatores para o desenvolvimento saudável de um bebê, não consigam estar presentes, a despeito de um sentimento "oceânico" de amor pelo filho.

Essa ambiguidade: o amor e desejo de que tudo corra bem, por um lado, e a indisponibilidade e cansaço, por outro, fazem com que pequenas negligências se acumulem. Até que, enfim, algumas questões que eclodem na adolescência, criadas pelos próprios pais (que optaram por proteger, ao invés de preparar seus filhos) se tornem verdadeiros estopins em barris de pólvora. "Folgado", "bagunceiro", "vagabundo" são alguns dos adjetivos que ouvimos de pais que mimaram excessivamente seus filhos, e cobram desses filhos o "investimento" que neles foi feito.

Quando isso se dá com o uso de drogas, a ambiguidade e tensão aumentam exponencialmente. Os pais ficam apavorados, não necessariamente pelos riscos que os filhos estão correndo, mas sim por isso ser um sintoma de que eles possam ter falhado.

Mas, felizmente, sempre é possível se desenvolver... para aqueles que tiverem coragem de olhar em profundidade para si mesmos.

A PSIQUE ADOLESCENTE E O SUPORTE PATERNO

Num lindo livro que fala sobre uma crise entre pai e filho, o autor David Gilmour (8) diz que "a necessidade de um pai no desenvolvimento do adolescente é equivalente à necessidade da mãe para o recém-nascido". Mas, que fique claro: quando se fala em "pai" e "mãe" aqui estamos falando de uma função, não de um genitor ou de uma pessoa de sexo masculino ou feminino. As funções de pai e mãe, na nossa sociedade, tendem cada vez mais a ser distribuídas entre os gêneros, e isso é um ganho para todos.

Os adultos cuidadores de uma criança recém-nascida (seja nesse caso uma pessoa sozinha, de qualquer gênero, ou um casal hetero ou homossexual, cuja paternidade seja biológica ou adotiva), devem fazer determinadas funções priorizando o cuidado, o carinho, a nutrição, o apego afetivo, a sensação de estar seguro no mundo. Essa(s) pessoa(s) estão, dessa forma, fazendo função materna, fundamental para o desenvolvimento saudável na primeira infância.

Da mesma maneira, deveria ser natural que o adolescente pudesse contar com pessoas que façam "função paterna":

a apresentação ao mundo adulto; a colocação da lei, regra e norma; o olhar que informa ao filho que ele é visto como um ser capaz de tomar decisões positivas e se responsabilizar; o modelo de interações sociais mais amplas, além do núcleo familiar, que valida a existência de pessoas diferentes e diversas em relação à família; a capacidade de realizar trabalho que vá além da subsistência, e que seja significativo de uma união entre capacidade pessoal e atenção a quem se beneficiará desse trabalho; a capacidade de entender que o mundo é fonte de prazer e sofrimento, e que ambos podem ser significativos no crescimento pessoal.

Não é pouco, e fazer "função paterna" pode ser muito mais difícil, para pais e mães, do que função materna. A despeito disso, muitas vezes os pais do adolescente optam por uma atitude que seria impensável no caso do recém-nascido: a negligência, ou a "terceirização" da tarefa para a escola ou para os grupos de amigos dos filhos.

A boa notícia: ter um filho é se comprometer com um processo permanente de desenvolvimento pessoal. A coisa mais importante para um adolescente é a integridade, e não há amor sem comprometimento e doação.

Se a disponibilidade e a atenção estiveram presentes ao longo do processo de desenvolvimento de pais e filhos, é muito provável que o adolescente encontre as drogas no seu caminho, e que isso não se torne um grande problema. Caso contrário, pode ser um sinal para os pais reverem posturas e valores.

REFERÊNCIAS

1- https://www.unodc.org/lpo-brazil/pt/frontpage/2019/06/relatrio-mundial-sobre-drogas-2019, acesso em: 01/09/2020.

2- https://www.paho.org/bra/index.php?option=com_content&view=article&id=5649:folha-informativa-alcool&Itemid=1093, acesso em: 10/09/2020.

3- https://portal.fiocruz.br/noticia/pesquisa-revela-dados-sobre-o-consumo-de-drogas-no-brasil, acesso em 10/09/2020.

4- https://www.cebrid.com.br/wp-content/uploads/2012/10/VI-Levantamento-Nacional-sobre-o-Consumo-de-Drogas-Psicotr%C3%B3picas-entre-Estudantes-do-Ensino-Fundamental-e-M%C3%A9dio-das-Redes-P%C3%BAblica-e-Privada-de-Ensino-nas-27-Capitais-Brasileiras.pdf, acesso em 15/09/2020.

5- CARNEIRO, H. Bebida, Abstinência e Temperança na História Antiga e Moderna. São Paulo: Editora SENAC , 2010.

6- OLIEVENSTEIN, C. *O Destino do Toxicômano*. São Paulo: Editora Almed, 1985.

7- http://pepsic.bvsalud.org/scielo.php?script=sci_arttext&pid=S1413-03942009000200009, acesso em 19/09/2020.

8- GUILMOUR, D. *O Clube do Filme*. Rio de Janeiro: Editora Intrínseca, 2009.

SOBRE OS AUTORES

ANA CAROLINA FALCONE GARCIA. Psicóloga pela PUCCAMP. Especialista em Sexualidade Humana pela UNICAMP e em Farmacodependência pelo PROAD/UNIFESP. Mestre em Psicologia Clínica pelo Núcleo de Estudos Junguianos da PUCSP. Analista Junguiana Didata Pelo Instituto de Psicologia Analítica de Campinas (IPAC)/ filiado à Associação Jungiana do Brasil (AJB), filiado a IAAP -International Association for Analytical Psychology. Atua em consultorio no atendimento de adolescentes, adultos, orientação profissional e em supervisões clínicas.

Contato: acfalcone2007@hotmail.com

ANA MARIA GALRÃO RIOS. Psicóloga Clínica, Doutora e Mestra pelo Núcleo de Estudos Junguianos da PUC-SP. Professora do curso Jung e Corpo do Instituto Sedes Sapientiae de São Paulo, psicoterapeuta de crianças desde 1980.

Contato: anamariagrios@icloud.com

ANA MARIA RUSSO. Psicológa pela PUC-SP com especializações pelo Instituto Sedes Sapientiae em Cinesiologia e Integração Fisiopsiquica (1984) e em terapia de casal e familia pelo Instituto Familiae (2003). Dedica-se ao desenvolvimento, ensino, supervisão e publicação de artigos sobre o Método de Integração Fisiopsiquica - Calatonia, no Brasil e na Italia. Membro do Núcleo de Estudos do Desenvolvimento Humano na Sociedade Brasileira de Psicologia Analitica (SBPA).

Contato: anamaria.russo@globo.com

CERES ALVES DE ARAUJO. Psicóloga pela PUCSP; mestre em Psicologia Clínica pela PUCSP e doutora em Distúrbios da Comunicação Humana pela UNIFESP. Analista junguiana pela SBPA e membro da Academia Paulista de Psicologia (cadeira 39).

Ex-Professora do Programa de Estudos Pós-Graduados em Psicologia Clínica da PUCSP. Coordenadora de Seminários do Programa de Formação da Analistas da SBPA. Coordenadora do Núcleo sobre Desenvolvimento Humano da SBPA.

Contato: ceres.ceresaraujo@gmail.com

FRANCISCO B. ASSUMPÇÃO JR. Professor livre-docente pela Faculdade de Medicina da Universidade de São Paulo, professor associado do Instituto de Psicologia da Universidade de São Paulo; Pós Doutorado pela Faculdade de Psicologia da PUC-SP; membro das Academias Paulista de Medicina (cad.103) e psicologia (cad.17).

Contato: cassiterides@bol.com.br

IZABEL SKAFF AYUB FERREIRA. Psicóloga clínica-Faculdade São Marcos de São Paulo. Psicoterapeuta de criança, adolescente, adulto e casal. Coordenadora de grupos e vivências com abordagens expressivas. Especialização em Cinesiologia - Integração Fisiopsíquica- Instituto Sedes Sapientiae- SP; Terapia de casal e família- Instituto Familiae- SP; Terapia Artística em formação pela Terarte.

Contato: izabel.skaff@gmail.com

MARIA TERESA CORBUCCI CALDEIRA NASI. Psicóloga e Mestre em Psicologia Clínica pelo Núcleo de Estudos Junguianos da PUC-SP. Especialista em Terapia Psicomotora, Cinesiologia e Integração Fisiopsíquica pelo Instituto Sedes Sapientiae. Membro do Núcleo de Estudos em Desenvolvimento Humano da Sociedade Brasileira de Psicologia Analítica (SBPA). Atua em consultório no atendimento de crianças, adolescentes e adultos. Ministra cursos de Integração Fisiopsíquica abordando Calatonia e Toques Sutis.

Contato: terecald@terra.com.br

PAULO CORAZZA. Psicólogo, Analista Junguiano membro do Instituto Junguiano de São Paulo-IJUSP, da Associação Junguiana do Brasil-AJB e da Associação Internacional de Psicologia Analítica-IAAP, Especialista em Terapia de Casal e Família pelo Instituto Familiae, Engenheiro Civil e amante de música.

Contato: paulo.corazza@uol.com.br

RENATA WHITAKER. Membro didata do Instituto Junguiano de São Paulo-IJUSP, da Associação Junguiana do Brasil-AJB, Membro da International Association for Analytical Psychology-IAAP (Suíça), Título de *Teacher Member* obtido em Zurique pela International Society for Sandplay Therapy - ISST (Suíça). Coordenadora do Departamento Infantil e do Adolescente da AJB, especialista em Cinesiologia Integração Fisiopsíquica com base na Psicologia Junguiana pelo Instituto Sedes Sapientiae.

Idealizadora do site: www.psicologiasandplay.com.br

WALTER GIMENEZ DE MATTOS. Psicólogo clínico e organizacional, professor e palestrante. Tem especializações nas áreas de marketing e dependências. Trabalhou durante dez anos na equipe do Proad (Programa de Orientação e Atendimento a Dependentes) da Unifesp, onde coordenou o programa de acolhimento. Participa do Núcleo de Desenvolvimento Humano da SBPA. É professor da pós graduação em psicologia analítica da UniVAP e leciona temas ligados a Neurodiversidade e Desenvolvimento Humano.

Contato: walter.mattos@gmail.com

SATTVA EDITORA

contato@sattvaeditora.com.br
www.sattvaeditora.com.br